ODES

DE PINDARE,

Olympiques et Pythiques.

TRADUITES EN VERS FRANÇAIS

PAR

M. P.-A. MAZURE,

rofesseur de philosophie, ancien professeur d'humanités.

POITIERS,

DE L'IMPRIMERIE DE F.-A. SAURIN.

1838.

ODES

DE PINDARE.

POITIERS. — IMP. DE F.-A. SAURIN.

ODES

DE PINDARE,

Olympiques et Pythiques,

TRADUITES EN VERS FRANÇAIS

PAR

M. P.-A. MAZURE,

Professeur de philosophie, ancien professeur d'humanités.

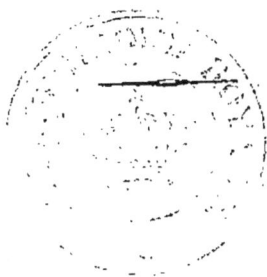

POITIERS,

DE L'IMPRIMERIE DE F.-A. SAURIN.

—

1838.

INTRODUCTION

SUR

PINDARE.

—

Celui qui s'approche de Pindare pour l'étudier, non en philologue, mais en homme curieux
d'art et de poésie, et pour chercher en lui ce
souffle de poëte si renommé, si vanté par tous
les critiques anciens et modernes, celui-là ren-
contre dès l'abord de grandes aspérités avant de
conquérir ce qu'il souhaite, avant de dompter
et de manier à volonté les coursiers impétueux
mais rebelles qu'il s'efforce de subjuguer. Aux
difficultés de l'idiome, à celle d'un mètre com-
pliqué, presque inaccessible aux oreilles modernes, du moins aux oreilles profanes qui ne

se sont pas exercées avec le savant M. Hermann à ces épineuses combinaisons, Pindare joint d'autres difficultés inhérentes au caractère propre de son génie poétique.

Sans doute il n'est plus nécessaire de réfuter les objections longtemps reproduites par les détracteurs de l'antiquité, qui se firent dans les deux derniers siècles une célébrité bien vaine, et prirent surtout le grand poëte de Thèbes pour l'objet de leurs tristes et intarissables plaisanteries. Il n'est plus nécessaire de venir sur les pas de Despréaux venger les anciens que tous admirent ou laissent admirer ; mais il faut s'être assez longtemps accoutumé au sentiment et à l'intelligence de la poésie, pour sentir et comprendre pleinement ce qu'il y a de vie poétique, de lien intérieur et profond, caché à la foule et dévoilé au lecteur intelligent, sous l'enthousiasme du poëte thébain. Il n'est pas plus permis de mesurer le vol de ce génie, qu'il ne serait possible de peser la quantité de feu divin qui anime sa lyre, la plus retentissante qui exista jamais.

En effet, nul, comme ce poëte, n'est subjugué par une impétuosité délirante, qui le fait franchir par bonds tous les intervalles, toutes les transitions de la pensée, de telle sorte que l'on peut lui appliquer ce que dit Virgile de l'amazone qui courait sur les épis sans les froisser.

Il est bien aisé d'excuser ces transitions brusques, rapides, heurtées, ou plutôt de comprendre le manque absolu de transition qui rend l'étude de Pindare âpre et difficile à l'interprétation. Pindare a pour objet de célébrer les vainqueurs dans les grands combats que la Grèce ouvrait à ses athlètes. Il faut reconnaître ce qu'il y avait de grand, de patriotique dans ces solennités où les chefs de la Grèce venaient disputer, au milieu d'une arène, la palme triomphale; cela contribuait à la puissance intérieure et resserrait l'unité du pays, malgré les divergences produites par les constitutions fédératives qui tendaient moins à l'unir qu'à le morceler. Toutefois, ces solennités brillantes, en perpétuant, pour les Grecs civilisés et raffinés du temps de Périclès, les souvenirs des temps

héroïques, avaient peut-être peu de retentisse-
ment et d'intérêt réel, à part de la pompe du
spectacle, et de l'éclat qui en jaillissait sur les
familles princières des vainqueurs. Mais en
Grèce, tant d'événements où la patrie était in-
téressée avaient eu lieu, l'élément démocratique
avait pris un essor si grand dans beaucoup de
villes, que le vieil enthousiasme pour les triomphes aristocratiques avait bien dû tomber, et
que l'on en était venu sans doute à concevoir
d'autres vertus dignes d'être récompensées dans
un prince que l'adresse de son cocher.

Cette considération explique ce qu'on a cou-
tume d'appeler les continuelles digressions du
poëte de Thèbes. Le poëte lyrique devait
éprouver un entraînement irrésistible à sortir
de son sujet apparent : de là cette lutte de son
génie contre les barrières trop prochaines que
ce même sujet établit autour de lui ; de là ces
digressions qui paraissent sans fin, et par lesquelles semble réalisée la fable grecque de
Pégase emportant le poëte éperdu à travers les
espaces éthérés. Cependant, avec un regard un

peu pénétrant, il est facile de suivre l'élan pindarique, d'y saisir une idée génératrice, d'y reconnaître même un ordre si régulier et si vrai, que l'on pourrait ramener à un très-petit nombre de moules divers la contexture au premier abord si variée de ses odes.

Que l'on se rappelle l'ode la plus renommée de J.-B. Rousseau, adressée au comte de Luc. Sans doute, il y a peu d'intérêt pour la postérité à se souvenir de ce seigneur allemand, fort obscur pour elle, et qui était devenu convalescent après avoir approché des portes du tombeau ; et cependant cette ode est restée comme un chef-d'œuvre de la lyre moderne. C'est que le poëte a vite franchi l'immédiate limite dans laquelle l'aurait enserré un sujet trop étroit. La circonstance de la maladie de ce seigneur, circonstance d'assez peu de valeur, porte le poëte à recueillir tout ce que son génie peut lui suggérer de général et d'analogue aux sentiments qui éveillent en nous la fibre poétique. Ainsi sont admirables les odes de Pindare en ce que l'éloge d'un vainqueur n'est qu'un point de départ, un degré

d'où le poëte s'élève, pour célébrer la gloire de
la patrie grecque et en évoquer les souvenirs
religieux. Là du moins ce ne sont point, comme
dans le poëte français, d'assez froids emprunts
à une mythologie alors déchue; là au contraire
tout est vivant, primitif, taillé dans le roc
le plus vif de la société de ces temps antiques;
tout ressent le culte de la religion et celui de
la patrie.

On n'a pas compris suffisamment la pensée
dominante des digressions pindariques; on s'est
imaginé que le sujet véritable était la victoire
au stade; cela était, comme je l'ai dit, le
sujet apparent. La Harpe, qui essaie d'expliquer
ces digressions, les appelle à tort « de monotones
et éternelles digressions qui semblent étouffer
le sujet principal sous des écarts dont on ne
voit ni le but ni le point de réunion. » Ce critique se borne à les excuser par la nécessité et
par l'intérêt de tels sujets pour les Grecs. Il y a
en cela quelque chose de vrai, et je l'ai reconnu
tout à l'heure. Mais ce n'est pas assez dire; car,
dans la réalité, rien n'est plus régulier que la

pensée du poëte dans toutes ses odes. Chacune
a un sujet déterminé; bien qu'elle ait pour titre
uniforme le succès de tel ou tel triomphateur,
l'objet réel est toujours un sujet mythologique
ou historique tenant à la généalogie des vainqueurs; il est le point central de chacun de ses
poëmes, et ce sujet réel est merveilleusement
enchâssé pour ainsi dire dans la victoire du
triomphateur, dont l'éloge n'est presque jamais
que le prélude et la fin. Barthélemy, dans son
chapitre sur Pindare, a indiqué cette idée, sans
toutefois l'expliquer, par ces paroles : « Sem-
blable à un lion qui s'élance à plusieurs reprises
dans des sentiers détournés, et ne se repose
qu'après avoir saisi sa proie, Pindare poursuit
avec acharnement un objet qui paraît et disparaît à ses regards. » Or cet objet c'est la pensée
mère de l'ode, celle que le poëte s'est proposée,
et qu'en effet il poursuit dans tout le cours de
son travail, sans lassitude et à travers les inci-
dents qui semblent le faire disparaître aux regards par suite du mouvement poétique qui
l'entraîne. Sans cette considération, je n'aurais
pas eu assez de persévérance pour suivre un au-

teur qui, par le fond de son sujet, n'aurait présenté d'autre intérêt que celui des lauriers depuis bien longtemps flétris qui couronnaient les fronts trop insignifiants des vainqueurs olympiques.

Les odes de Pindare fournissent un texte inépuisable, non-seulement à l'érudition philologique qui s'en va discutant les leçons, comparant et appréciant les interprétations, mais encore à l'érudition historique qui trouve les documents les plus précieux sur les origines et les antiquités de la Grèce, dans ses vers si remplis et trop hérissés peut-être de détails instructifs.

Mais un caractère particulier, moins souvent remarqué que les autres dans Pindare, m'a amené à l'étude de ce poëte, malgré les aridités qu'un tel travail emporte avec lui : c'est qu'il n'y a pas de poëte grec qui soit au même degré pénétré d'une philosophie profonde, généreuse et sublime. Homère et Hésiode furent des poëtes ioniens, précurseurs de ces philosophes de l'école milésienne qui ouvrirent par des spéculations

aventureuses le cercle de la philosophie grecque.
Dans les deux poëtes que je viens de citer, un
naturalisme auquel on ne peut se méprendre
resplendit à travers le cristal si pur de leur
poésie ; les gnomiques qui les suivirent expri-
ment en vers sages et prudents l'art de mener
une vie prudente et sage, plutôt qu'ils ne repro-
duisent des pensées choisies et fortes, trempées
sur l'enclume, comme le serait un inflexible
acier. Eschyle est un patriote et un théologien
sublime ; Sophocle semble préoccupé d'une seule
pensée, de réaliser le beau pur, de consommer
l'alliance du beau physique et du beau moral
dans ses poëmes, comme Phidias et Praxitèle
réalisaient cette pensée sur le marbre et sur l'airain, comme Platon la spiritualisait dans ses
théories. Euripide est admirable par l'effusion
des sentiments tragiques qui coulent de sa lyre ;
mais on voit que chez lui la sensibilité est tout
le poëte, et qu'une haute spiritualité est rarement le souffle qui préside à ses conceptions et
qui les anime. Pindare peut être regardé comme
le plus philosophe des poëtes grecs.

Au milieu de cette poésie , mille fois plus grande sous ce rapport que les sujets qui l'inspirent , de cette poésie dont il couronne ses vainqueurs comme d'une auréole autrement glorieuse que l'olivier ou le laurier qu'ils ont remportés dans le stade olympique ou pythique, Pindare laisse à chaque instant échapper des traits d'une profonde et haute philosophie , empruntés aux traditions pythagoriciennes dont il est un disciple. Ce sont , d'après la métaphore qu'il emploie volontiers , des flèches d'or qui s'élancent de son âme ardente , dessillent les yeux en même temps qu'elles descendent au fond du cœur. Pindare , peut-être seul dans la poésie grecque , représente cette école italique qui fut si célèbre dans la Grèce , et qui est le premier anneau d'une vaste chaîne de spiritualité , laquelle n'a point été brisée depuis , en traversant les siècles des temps anciens et des temps modernes. Sous ce rapport, il ne se rattache point à Homère ni aux gnomiques ; il dérive d'une source plus profonde ; il est un écho sonore , bien supérieur au son primitif, de cette lyre d'Orphée , qui avait laissé dans la Grèce

crédule ou menteuse de si merveilleuses traditions de son charme tout-puissant.

Ne vous arrêtez donc pas à l'écorce de ses
chants, à l'insipide victoire d'un triomphateur
au stade ; allez, au travers de cette réalité vulgaire, allez au sens figuré : ce n'est point d'un
vainqueur orgueilleux qu'il veut vous entretenir ; celui-là il veut bien lui faire sa part pour
son adresse à la course, à la lutte, aux triomphes des chars ; il la lui fera, moyennant un
salaire légitime. En effet, nous ne croyons pas
que le poëte thébain fût dupe de l'enthousiasme
qu'il déployait au sujet des triomphes du stade.
Je suis porté à excuser ce que l'on rapporte
de Pindare, qu'il faisait payer cher ses éloges ;
car sans doute jamais trophées héraldiques
n'ont été plus dignes d'être payés à prix d'or
que les odes de ce poëte aux triomphateurs
d'Olympie.

Mais un autre souci le préoccupe : c'est à
vous postérité, qui ne le paierez pas en talents
attiques, c'est à vous qu'il s'adresse, dégagé de

tout vulgaire intérêt ; c'est de la victoire elle-
même, c'est de la gloire idéale et pure qu'il
veut vous entretenir. Cette enveloppe de lauriers
si bruyamment applaudie sur le front des heureux triomphateurs, n'est pour lui qu'un symbole pur par-delà lequel rayonne toujours la
gloire immortelle que donnent le patriotisme et
la vertu.

Il ne faut donc pas être surpris que Pindare
ait excité un enthousiasme si vif chez ses con-
temporains, et que les traditions aient entouré
son berceau et sa tombe de prodiges dont vous
entretient le compilateur Suidas. Sa naissance,
sa vie et sa mort furent accompagnées de circonstances divines ; sa mort fut un doux et
dernier sommeil auquel il fut convié par la
bouche de la pythie, et qui l'emporta douce-
ment, la tête inclinée sur l'épaule d'un disciple
chéri, au milieu de ces jeux du stade dont sa
poésie avait éternisé la célébrité. Deux siècles
après, quand le grand Alexandre vint livrer
Thèbes au pillage, la maison du poëte thébain
resta seule debout au milieu des ruines de la

patrie. Tant il y a de puissance dans ces poëtes
spiritualistes dont le souvenir vivant est comme
le dernier sanctuaire que respecte encore un fa-
rouche conquérant, quand il a étendu son épée
et converti en désert ce qui a été le séjour d'une
vaste population !

Il y a néanmoins un reproche que l'on pourrait adresser à notre poëte, et dont Alexandre,
qui s'annonçait comme le vengeur des Grecs
contre les Perses, aurait pu se souvenir. Préoccupé trop exclusivement de la généalogie aristo-
cratique de ses héros, il a peu de souci de l'élément populaire qui, dans ce temps-là même, se
manifestait dans la Grèce avec une mémorable
énergie. Contemporain des grands événements
qui avaient si fortement exalté l'esprit grec, il
avait été témoin dans l'ardeur de sa jeunesse de
la victoire de Salamine et du choc terrible sous
lequel le colosse oriental était venu se briser sur
la terre des Hellènes. On regrette que ces grandes
images de patrie affranchie, de patriotisme et
d'allégresse nationale, si profondément reproduites par le poëte Eschyle, ne soient pas venues

rehausser la poésie de Pindare. En cela ce grand
poëte obéissait au patriotisme vulgaire qui
lui faisait épouser les querelles jalouses de la
ville de Thèbes sa patrie, contre Athènes, la cité
reine de la Grèce et sa conservatrice. Même on
sait qu'il encourut le blâme et presque l'exil de
la part de ses concitoyens pour un rapide éloge
de la ville d'Athènes, qu'il avait laissé tomber
dans une de ses odes. D'un autre côté, si Pindare
eût parlé, et dignement parlé du véritable héroïsme que les Grecs avaient naguère déployé
contre les forces de l'Orient, que serait-il venu
faire ensuite avec ses héros, et, malgré tout
l'effort de sa poésie, quel triste laurier aurait-
il eu en réserve pour le front de ses pauvres
triomphateurs ?

Enfin, malgré le génie sans rival par lequel
Pindare a vaincu les difficultés renaissantes de
ses sujets, on ne peut se défendre de la fatigue
en lisant ces quatre livres d'odes sur des
triomphes de coursiers et de chars. L'inépuisable richesse du poëte, l'étonnante ressource
avec laquelle ses sujets sont variés, ne suffisent

pas à vaincre l'ennui qui résulterait de son
étude assidue. Mais quel regret n'est-ce pas pour
les amis de la poésie grecque et de toute poésie,
que les autres odes que Pindare avait composées
sur différents sujets aient été détruites par le
temps ? Car ce génie ne s'était pas captivé dans
le cercle d'une poésie en quelque sorte de commande ; on voit, par des vers d'Horace, que les
sujets les plus capables d'émouvoir l'imagination et le cœur, les sujets élégiaques, et tout ce
qui tient à la poésie de la vie humaine, avaient
passé successivement sur la lyre de ce grand
poëte.

> Flebili sponsæ juvenemve raptum
> Plorat, et vires, animumque moresque
> Aureos deducit in astra, nigroque
>   Invidet orco.
>
>   (HOR. l. 4, od. 1.)

Oh ! sans doute, il serait difficile de mentionner
un seul des beaux écrits de l'antiquité dévorés
par le temps, qui méritât d'éveiller un tel regret
de la postérité autant que le recueil des poésies
élégiaques de Pindare. Qu'il serait beau d'y
voir, ce qui se présente rarement chez les an-

ciens, le génie d'un tel poëte consacrant, par les
pensées d'une philosophie haute et religieuse, le
tombeau d'un jeune fiancé cruellement enlevé à
son épouse bien-aimée !

La période de Pindare est large, spacieuse ;
elle se déroule en longs plis, elle ajoute une
harmonie imposante et particulière à la sonorité
naturelle de l'idiome des Grecs. Néanmoins son
incise est rapide, et enferme la pensée dans une
forme brève, énergique. Le caractère de ce style,
c'est un relief continu qui fait ressortir la pensée
sous les mots, qui fait ressembler la chaîne de
ses incises à une série des bas-reliefs du Par-
thénon de son contemporain Phidias. Après
cela, Pindare est, plus qu'un autre poëte grec,
un poëte oriental ; il se colore des feux du soleil d'Orient, il en réverbère autour de lui les
rayons ; et, si l'on considère l'inépuisable richesse
de ses métaphores, la hardiesse de ses tours,
le mouvement irrésistible de sa phrase, la sou-
daineté avec laquelle il décoche la pensée phi-
losophique ou religieuse, on pourra lui trouver
quelque ressemblance avec les poëtes hébreux.

Mais ceux-ci avaient sur le poëte de Thèbes l'avantage d'être constamment sous l'influence d'une inspiration sacrée, dont le profane Thébain recevait, en traits rapides, les fugitifs et rares pressentiments.

Aucun auteur plus que Pindare n'exige l'intervention d'un traducteur entre lui et les gens du monde. Une traduction est même nécessaire pour l'usage des études. Livrer purement et simplement aux élèves le texte de Pindare, c'est leur mettre entre les mains un flambeau, sans leur ouvrir les yeux pour se guider à sa lueur. Il faut prendre garde de décourager les étudiants, en les forçant à défricher par leurs seules forces des textes grecs où de plus habiles viendraient se heurter. Peut-être même la faiblesse permanente des études grecques dans les colléges, le dégoût dont nos jeunes gens sont saisis jusqu'à la fin pour cette langue admirable, n'ont-ils pas d'autre cause que l'obligation où ils sont de se débattre contre un texte difficile qu'il faudrait d'abord leur aplanir. N'y a-t-il pas d'inconvé-

nient à absorber l'amour du beau, si naturel
dans ces jeunes esprits, sous l'effort impuissant
qu'ils font pour le conquérir? enfin ne faut-il
pas faciliter l'éveil de ce beau dans leurs âmes, ou
plutôt le leur faire admirer, en leur épargnant
beaucoup de ronces déchirantes? et n'est-ce pas
là l'objet incontestable des études littéraires
classiques?

Or les traductions qu'il convient de laisser
entre les mains des étudiants, pour ce qui regarde les poëtes anciens, ce sont des traductions
en vers. La juste liberté accordée à cette sorte
d'ouvrage ne permet pas aux élèves de s'en faire
un secours pour la paresse, en les dispensant
du travail; seulement elle leur facilite l'acqui-
sition du sens immédiat et littéral. D'un autre
côté, ces traductions, par leur insuffisance même,
éveillent l'imagination, aiguisent la critique, et
rendent plus facile, pour les esprits les moins
studieux, l'intelligence et l'admiration des mo-
dèles de l'antiquité. Quant à ce qui regarde les
lecteurs du monde qui ne chercheraient point à

étudier un texte grec, il est assez reconnu qu'un poëte ne peut laisser quelque idée de lui autrement que dans une traduction en vers.

Et, pour en venir à ma traduction, j'ai dit qu'elle s'adressait aux amis des lettres grecques, de cette poésie si brillante et si pure qu'à mesure que l'on avance dans la connaissance des littératures étrangères, on est amené à reconnaître, avec une conviction de plus en plus profonde, sa supériorité sur toutes les autres. En m'attachant à Pindare, j'ai essayé de reproduire avec quelque fidélité le poëte de Thèbes, le suivant généralement strophe par strophe, afin de suivre aussi plus sûrement et de plus près la pensée de mon auteur. Évidemment il ne pouvait y avoir là l'exactitude littérale d'une traduction en prose; l'essentiel était de conserver l'expression principale, et surtout le sentiment et le mouvement du poëte grec. Quand le sens a été incertain, nous nous sommes décidé pour celui qui nous a semblé convenir le mieux à la pensée du poëte. Malheureusement nous avons dû nous interdire toute discussion de textes et toute controverse sur la diversité des interprétations.

Si en effet nous avions annoté nos traductions, ce volume eût considérablement dépassé les limites de l'in-18 que nous nous étions proposé de publier. Ceux qui veulent étudier Pindare ont besoin du texte et des commentaires de Heyne, ainsi que des diverses traductions en prose dont quelques-unes sont utiles, surtout comme travail d'érudition.

Nous nous sommes donc généralement borné à des arguments clairs et rapides qui peuvent faire saisir avec facilité la chaîne du texte; nous avons aussi cru bien faire de donner à chaque pièce un second titre, tel qu'il nous a paru être suggéré par l'idée générale de l'ode. Ainsi chaque pièce se distinguera pour le lecteur comme pour l'auteur par son objet réel, et fera excuser les inévitables redites par lesquelles le poëte célèbre ses vainqueurs. Si l'on veut des détails sur le texte, sur la topographie, et sur les circonstances rituelles des jeux olympiques et pythiques, sur la vie de Pindare, sur celle de ses héros et sur leur généalogie, nous renvoyons les lecteurs, outre les traductions en prose, aux dictionnaires historiques et mythologiques, aux mémoires de MM. Fraguier et Massieu dans le Recueil de l'Académie des inscriptions, et particulièrement à trois excellents chapitres (34, 38, 22) du Voyage d'Anacharsis, admirable livre qui est entre les mains de tous.

OLYMPIQUES.

ODE PREMIÈRE.

A HIÉRON DE SYRACUSE.

TRADITION SUR PÉLOPS, FILS DE TANTALE.

(*Sujet intérieur.*)

ARGUMENT. — Hiéron, vainqueur aux jeux olympiques, était roi de Syracuse, ville de Sicile, fondée par une colonie des enfants de Pélops. Cette circonstance excitant l'imagination du poëte, il entreprend de raconter l'histoire véridique de Tantale et de son fils Pélops ; pour cela il contredit plusieurs des traditions admises sur ces héros mythologiques. Comme c'est l'orgueil qui a perdu Tantale, le poëte tire de là des leçons élevées ; il veut prémunir Hiéron contre le mauvais usage des richesses, et contre les vanités fugitives de l'ambition.

Entre les éléments l'eau, principe du monde,
Règne ; entre les métaux l'or pur est précieux ;
Quand le soleil paraît, la couronne féconde
   Des astres pâlit dans les cieux.

Tels les jeux d'Olympie, ô muse enchanteree,
Resplendissent parmi les fêtes de la Grèce ;
     Jupiter est leur protecteur ;
Muse, du roi des dieux tu célèbres la gloire,
Tu dis ces grands combats, tu chantes la victoire
     D'un roi triomphateur.

C'est Hiéron ; sa main puissante et tutélaire
Régit avec amour le sol sicilien ;
La sagesse des Dieux le conduit et l'éclaire.
     Éveille-toi, luth dorien ;
Ce héros, plein du feu que la muse m'inspire,
Dans les joyeux banquets écoute encor ma lyre ;
     La muse s'enflamme à sa voix,
Lui dont l'heureux coursier, à l'aile étincelante,
Dans Pise a recueilli la couronne brillante,
     Ce noble orgueil des rois.

La terre de Pélops s'entretient de sa gloire,
Pélops si cher au roi des flots audacieux,
Qui reçut, nous dit-on, une épaule d'ivoire,
     Et revit la clarté des cieux.
Oh ! de ces vains récits la vérité se blesse ;
Mais la fable éblouit la mortelle faiblesse
     Plus que l'austère vérité.
Tu triomphes ainsi, céleste poésie ;
Ainsi tu fais descendre une douce ambroisie
     De ton luth enchanté.

Mais aux rayons du jour l'erreur fuit comme un songe ,
Son voile est déchiré des mains du temps jaloux ;
Ne peignez pas vos Dieux sous les traits du mensonge ;
    Craignez d'irriter leur courroux.
Le moment est venu ; je veux, fils de Tantale,
Dévoiler aux humains ton histoire fatale ,
    Et l'entourer d'un nouveau jour.
— Hôte chéri des Dieux et convive fidèle,
Ton père recevait à sa table mortelle
    Ses hôtes à leur tour.

Dans ce moment, séduit par ta beauté naissante,
Neptune t'enleva dans les palais des cieux ,
Pour verser à longs traits dans la coupe éclatante
    Le nectar au maître des Dieux.
Tu ne reparus pas aux larmes de ta mère ;
Alors on répandit le bruit que de ton père
    Le bras dans tes flancs égaré
Avait de tes débris, de ta chair palpitante,
Préparé, pour les Dieux, dans l'onde bouillonnante,
    Un festin abhorré !

Les Dieux auraient sur toi porté leur dent cruelle....
O blasphème ! est-ce ainsi qu'on outrage les Dieux !
Ecoutez, car voici la vérité fidèle,
    Plus que vos récits odieux.
Tantale, environné de la faveur céleste,
De son bonheur divin prit un dégoût funeste,

De l'orgueil triste égarement.
Jupiter l'en punit ; déplorable victime,
Quatre maux renaissants demeurent de son crime
        L'éternel châtiment.

Un énorme rocher, sur l'infernal rivage,
Tombe et toujours résiste à ses puissantes mains.
Malheureux ! devait-il envier le breuvage
        Des Dieux, interdit aux humains ?
Hommes, n'espérez pas dérober votre trace ;
Dieu vous suit du regard, il vous voit, il embrasse
        Ce que l'ombre dérobe au jour.
Alors, son fils banni de la voûte éternelle,
Pélops vit se rouvrir sa carrière mortelle
        Au terrestre séjour.

Et plus tard, pour ravir la jeune Hippodamie,
Il vient, seul et dans l'ombre, et debout près des flots ;
Résolu d'affronter une lance ennemie,
        A Neptune il parle en ces mots :
« Si des dons de Vénus tu gardes la pensée,
» Relève, Dieu des mers, ma fortune éclipsée,
        » Mets la force devant mes pas.
» Brise d'Ænomaüs la lance meurtrière ;
» Car déjà treize rois ont rougi la poussière
        » Par un commun trépas.

» Oh ! prête-moi ton char, ton char c'est la victoire ;

» Conduis-moi dans Elis , ô Dieu puissant des mers ;
» Le lâche meurt chargé d'ans , mais vide de gloire ,
     » Les jours du lâche sont amers.
» On ne me verra pas, roi faible et sans courage ,
» Dans l'oubli consumer , sous le poids de l'outrage ,
     » Ce peu de jours dus à la mort. »
Il dit ; et , souriant à ses vœux intrépides ,
Neptune lui fit don de deux coursiers rapides ,
     Et d'un char brillant d'or.

Il vole , il est vainqueur , et la vierge promise
Du fécond hyménée alluma le flambeau ;
Il mourut plein de jours , et les peuples dans Pise
     Solennisèrent son tombeau.
Là , de jeunes mortels , aux feux des sacrifices ,
De leur sang généreux consacrent les prémices ;
     Non loin , l'autel du roi des Dieux
S'élève dans la plaine où l'ivresse publique
Se plaît à saluer le vainqueur olympique ,
     A le porter aux cieux.

— Telle fut , Hiéron , ta noble destinée ,
Tu parus, tu vainquis ; ô sage , ô puissant roi ,
Du laurier triomphal et de fleurs couronné ,
     Ma lyre tressaille pour toi !
Le Dieu qui te protége est celui qui m'inspire ,
Monarque sans rival , les trésors de ma lyre ,
     Te préparent leurs plus beaux vers ;

Pour honorer ton front ceint d'un nouveau trophée,
J'irai chanter moi-même aux rives de l'Alphée
   De plus divins concerts.

Le ciel sème ici-bas des faveurs incertaines ;
Heureux qui, signalé par de nombreux exploits,
Porte un nom révéré sur les rives lointaines,
   Grand parmi la foule des rois !
N'élève pas plus loin tes œuvres, ta pensée ;
Et moi je suis content, car ma flèche est lancée ;
   Qu'elle descende au fond des cœurs !
Coule, grand Hiéron, des jours libres d'envie ;
Et puissé-je à mon tour voir s'écouler ma vie
   Au milieu des vainqueurs !

ODE II.

A THÉRON D'AGRIGENTE.

LA VERTU ET LES RÉCOMPENSES FUTURES.

Le sujet intérieur de cette ode est religieux. Théron a éprouvé des adversités ; c'est pourquoi le poëte recueille dans la propre maison de ce roi des exemples de l'instabilité des choses humaines. Il relève la richesse et la puissance de son héros; ces biens doivent détourner pour lui le souvenir des maux passés. Puis, sortant des limites du temps, Pindare dévoile aux yeux la double destinée qui attend les bons et les méchants dans la vie à venir. Dans la peinture des Champs Élysées, d'ailleurs imitée d'Homère, on trouve une vive empreinte de pythagorisme. Enfin, le poëte, après quelques traits sur son propre génie et contre ses envieux, revient à l'éloge de Théron et de la ville dont il est roi.

Hymnes, vous qui régnez sur la lyre sonore,
Vous qui chantez les Dieux, les héros, les mortels,
Direz-vous Jupiter que dans Pise on adore,
Hercule qui dans Pise a reçu des autels?
Hymnes saints, de Théron célébrez la victoire ;
    Héros favorisé des Dieux,
Dans la belle Agrigente il joint sa jeune gloire
    A la gloire de ses aïeux.

Tes aïeux, ô Théron, ces rois de la Sicile,
Ont paru, comme un œil vigilant, sur ses bords ;
Pour prix de leurs vertus, leur destin fut tranquille ;
Les Dieux les ont comblés d'honneurs et de trésors.
Jupiter, je t'implore, ô maître de la terre,
    Reçois mon hymne solennel ;
Maintiens au fils des rois la force héréditaire,
    Avec le sceptre paternel.

Le mal qu'il faut haïr, le bien digne d'envie,
Tout brille, passe et fuit, rapide et renaissant,
Et le temps, qui fait naître et mourir toute vie,
Ne saurait arrêter son flot toujours croissant.
Mais, lorsqu'un jour plus pur a chassé l'infortune,
    Lorsque Dieu n'est plus irrité,
O roi, pourquoi garder la mémoire importune
    De la première adversité ?

De l'antique Cadmus les filles désolées
N'ont pas jusqu'à la fin traîné leurs jours de deuil ;
Du bonheur d'ici-bas toutes deux exilées,
Du rayonnant Olympe ont pu franchir le seuil.
Vainement, Sémélé, la foudre dévorante
    Éteignit le jour dans tes yeux ;
Heureuse maintenant, dans la coupe enivrante
    Tu bois le nectar chez les Dieux.

La triste Ino sentit une vie immortelle

Revêtir son beau corps roulant au fond des mers....
Nos jours sont ici-bas une chaîne infidèle
De renaissante joie après les longs revers.
Douleurs et voluptés, tout s'altère, tout change ;
    Le bien, le mal joignent leurs flots.
Mortels, espérez-vous un bonheur sans mélange
    Jusqu'au jour du dernier repos ?

Ainsi, noble Théron, lorsque la destinée
Sur tes premiers aïeux eut versé ses faveurs,
Trop vite elle changea sa trame fortunée,
Et creusa sous leurs pas une source de pleurs,
Le jour que, succombant sous l'oracle céleste,
    Et, sans le vouloir, criminel,
OEdipe eut accompli la méprise funeste
    Et versé le sang paternel.

De ce jour, Erinnys que la haine environne
Poursuivit dans les fils le crime du héros ;
Polynice légua sa fatale couronne
Au belliqueux Thersandre, issu des rois d'Argos.
Théron ceignit plus tard ce brillant diadème :
    Ton sang est celui de ces rois,
Toi dont je veux chanter, ô fils d'Énésidème,
    Les triomphes et les exploits.

Au stade pythien, plein d'ardeur, intrépide,
Tu vins, mêlant la gloire au succès fraternel ;

A la course des chars triomphateur rapide,
Alors tu t'ombrageas du laurier solennel.
Seul, dans Pise aujourd'hui tu cueilles la victoire,
    Doux gage d'immortalité;
Roi comblé de trésors, qui peut vaincre ta gloire?
    Qui t'égale en prospérité?

La richesse, ô Théron, brille ainsi qu'une étoile,
Et pour le sage elle est un jour paisible et doux;
Elle éclaire ses pas, et fait tomber le voile
Placé devant ses yeux par l'avenir jaloux.
Le sage ainsi connaît le nombre des victimes
    Que recèlent les sombres bords,
Et quel juge immortel interroge les crimes
    Empreints sur les âmes des morts.

Des justes cependant les âmes consacrées
Vivent libres de soins à l'abri des revers;
Des feux du vrai soleil à jamais éclairées,
Loin d'elles les travaux du terrestre univers.
Ils vivent près des Dieux, ceux qui furent fidèles
    Au devoir, aux lois, aux serments;
Tandis que des pervers les fureurs criminelles
    Subissent d'éternels tourments.

Trois fois aux sombres bords le mortel doit descendre,
Pour expier sa vie et changer de séjour;
Trois fois il lui faudra renaître de sa cendre,

Et trois fois remonter à la clarté du jour.
Alors, s'il a suivi le souffle qui l'inspire,
    Si les Dieux aiment son cœur pur,
Vainqueur, il entrera dans le céleste empire,
    Dans l'asile éternel et sûr.

C'est l'île des heureux... admirable nature,
Où le divin Saturne étend ses douces lois;
Où le sol est couvert de trésors sans culture;
Où tout sourit, et l'onde, et les fleurs et les bois.
Là les justes, assis aux rives des fontaines,
    Boivent l'oubli de leurs douleurs;
Pour leurs fronts dégagés des tristesses humaines
    Ils tressent des festons de fleurs.

Au pied du roi Saturne, à l'ombre de son trône,
Rhadamanthe est assis qui juge les héros;
De la grande Rhéa plus haut luit la couronne.
Mille guerriers, penchés sur leurs fiers javelots,
Sont là : le vieux Cadmus et le divin Pélée,
    Son fils qu'envièrent les cieux,
Et qui, par les efforts de Thétis consolée,
    S'assied parmi ces demi-dieux.

Je sens monter en moi le souffle du génie,
Mes traits intelligents brûlent d'être lancés;
La nature m'apprit les lois de l'harmonie;
Je ne suis point de ceux qu'un vain maître a dressés,

Qui, n'ayant point reçu la flamme étincelante,
    S'épuisent en de froids discours;
Comme de vils corbeaux, dont la haine insolente
    Poursuit l'aigle altier dans son cours.

Mais l'aigle monte et fuit le séjour des nuages...
Poëte, que le chant s'exhale de ton cœur;
Au héros d'Agrigente apporte tes hommages,
De ton carquois pour lui détache un trait vainqueur.
Oui, j'en fais le serment, parole solennelle,
    Depuis qu'est né ce siècle heureux,
On n'a point vu paraître un ami plus fidèle,
    Régner un roi plus généreux.

De la rébellion en vain la voix parjure
Sur sa gloire épandit de sinistres clameurs;
Par l'éclat des vertus démasquant l'imposture,
Il versa ses trésors sur ses blasphémateurs.
Qui voudrait dénombrer les bienfaits, ô roi sage,
    Les vertus qui te font aimer,
Il compterait plutôt les sables du rivage
    Avec les vagues de la mer.

ODE III.

AU MÊME THERON D'AGRIGENTE.

ORIGINE DE L'OLIVIER D'OLYMPIE.

Cette ode est adressée encore à Théron, roi d'Agrigente, et pour la même victoire ; il était alors occupé aux théoxénies. C'était une belle cérémonie antique, instituée par Castor et Pollux, et par laquelle on invitait les dieux à établir leur demeure parmi les hommes. Après avoir exposé l'occasion de cette ode, le poëte arrive à son véritable objet, qui est de raconter comment Hercule était allé chercher dans les régions du Nord le plant d'olivier qui ombrageait l'autel de Jupiter près d'Olympie. Il finit comme il commence, par les dieux et par son héros.

Dieux protecteurs, fils de Tyndare,
Hélène, reine aux blonds cheveux,
Souriez au luth de Pindare,
Entendez mes chants et mes vœux.
Théron, quittant l'orgueil d'un trône,
Est venu ceindre une couronne

Qui porte son nom jusqu'aux cieux,
Toi, que toujours la muse inspire,
Verse encore un hymne, ô ma lyre,
Un hymne à cet ami des Dieux.

Signal auguste de la gloire,
Au front des coursiers frémissants
Je vois luire de la victoire
Les festons d'or éblouissants.
Mon silence serait impie,
J'entonne en l'honneur d'Olympie
Le chant par les Dieux ordonné;
Mes vers à la flûte sonore
S'unissent pour chanter encore
Celui que Pise a couronné.

Quand la guirlande vénérée
Paraît et brille sur l'autel,
Poëte, c'est l'heure sacrée
De dire un récit immortel.
Hercule aux monts hyperborées
Ravit, pour nos belles contrées,
L'olivier, doux prix des vainqueurs,
Prêtant son ombre verdoyante
Pour la couronne rayonnante
Qui fait battre les nobles cœurs.

Enfants, apprenez cette histoire,

Comment, dans nos jeux, l'olivier
Couvrit les fils de la victoire
Sous son ombrage hospitalier.
Jadis, durant la nuit sereine,
Lorsque la chaste souveraine
Sillonnait les champs de l'éther,
Hercule, sur ce bord profane,
Aux douces clartés de Diane
Dressa l'autel de Jupiter.

Puis de ces jeux, près de l'Alphée,
Il fonda l'antique splendeur,
Dont chaque lustre un beau trophée
Éternisera la grandeur.
Mais alors la vaste étendue
Du fleuve était aride et nue,
Nul fruit ne croissait sur ses bords ;
Le soleil brûlait cette plage
Qui des grands vainqueurs d'âge en âge
Entendra les joyeux transports.

C'est pourquoi le vaillant Alcide,
Pour conquérir l'olivier vert,
Ira, coureur au vol rapide,
Aux lieux où naît le sombre hiver.
Déjà sur les monts d'Arcadie
Il poursuit la biche hardie
De Phébé radieux trésor ;

(Ainsi l'ordonnait Eurysthée)
Mais toujours au nord emportée
Fuyait la biche aux cornes d'or.

La fugitive enfin s'arrête
Devant les arbres précieux ;
Aussitôt Hercule s'apprête
A les transporter sous nos cieux ,
Pour orner la borne brûlante ,
Des chars quand la roue haletante
Douze fois en fera le tour.
Hercule veille sur nos têtes ;
Il aime à s'asseoir à nos fêtes
A visiter notre séjour.

Hercule a dit aux Tyndarides :
« Héros, donnez l'heureux signal ;
» Aux conducteurs des chars rapides
» Ceignez l'olivier triomphal. »
Et déjà des fils de Tyndare
Pour toi la palme se prépare ,
O roi d'Agrigente, ô Théron !
Prince à la table hospitalière ,
Vois-tu, la couronne guerrière ,
Est faite pour parer ton front.

C'est l'eau qui du monde est la mère,
C'est l'or qui tient le premier rang ;

Théron, par ta vertu sévère,
Ainsi tu marches noble et grand.
Ta gloire jamais ne recule,
Ainsi des colonnes d'Hercule
Elle touche le double autel ;
Plus loin c'est la mer sans rivage...
N'allez pas chercher une plage
Plus lointaine, insensé mortel.

ODE IV.

A PSAUMIS DE CAMARINE.

LE JEUNE TRIOMPHATEUR EN CHEVEUX BLANCS.

Il paraît que les cheveux de ce vainqueur avaient blanchi sur son front jeune encore, circonstance qui termine cette ode, d'ailleurs religieuse et consacrée à louer la vertu.

Le temps est arrivé des fêtes olympiques,
Les poëtes sacrés préparent leurs concerts ;
Le roi des Dieux préside à ces fêtes antiques,
Et leur éclat divin brille sur l'univers.

Psaumis a triomphé, célébrons sa mémoire,
Le nom de ce vainqueur de mon luth va jaillir.
Quand le front d'un ami se couronne de gloire,
Quel mortel vertueux ne se sent tressaillir ?

Écoute, Jupiter, toi qui lances la foudre,
Qui règnes sur l'Etna, ce roc infortuné,
Où l'horrible Typhon, que rien ne peut absoudre,
Sous cent chaînes d'airain gémit emprisonné;

Écoute, ô Jupiter, de ta hauteur sacrée.
Oh! que ton souffle encor m'inspire un chant plus beau,
Je célèbre Psaumis, l'orgueil de sa contrée,
Mes chants sur ses vertus luiront comme un flambeau.

La gloire a visité les murs de Camarine;
A ces remparts aimés des hommes et des Dieux
Psaumis a consacré la guirlande divine
Dont Pise a couronné son front victorieux.

Que toujours sa vertu par les Dieux soit chérie!
De ses coursiers le stade admire la beauté;
Il fait régner la paix dans sa belle patrie,
Il remplit les devoirs de l'hospitalité.

Je n'ai point l'heureux don, je n'ai point la science
De parer mes discours d'un éclat emprunté;
Le mensonge est trompeur, la seule expérience
Fait d'un rayon vainqueur luire la vérité.

Tel jadis à Lemnos, quand le fils de Clymène
Triomphant dédaigna les rires insultants,
Il dit à la princesse au milieu de l'arène :
« Ni mon cœur ni mon bras ne sont vaincus du temps;

» Quelquefois les cheveux blanchissent avant l'âge. »
Ne formez donc jamais de préjugés menteurs ;
Attendez qu'un héros ait prouvé son courage
Comme Ergine et Psaumis , heureux triomphateurs.

ODE V.

AU MÊME PSAUMIS.

LA CITÉ DE CAMARINE.

Le poëte s'attache à l'éloge de cette ville, dont Psaumis était l'ornement et sans doute le soutien.

Fille de l'Océan, Camarine adorée,
Une seconde fois ton Psaumis est vainqueur;
Il dépose à tes pieds sa couronne sacrée;
Souris en recevant ce prix d'un noble cœur.

De peuple et de héros nourricière féconde,
Psaumis sur toi versa ses rayons fraternels,
Alors qu'aux douze Dieux, dominateurs du monde,
Sa piété rendit des honneurs solennels.

C'était durant les jours heureux de sa victoire ;
Son père en a frémi d'orgueil, le vieil Acron,
Et sa ville naissante a salué sa gloire,
Quand il est revenu les palmes sur le front.

O Pallas ! des cités protectrice chérie,
Psaumis victorieux aime ton bois sacré,
Les deux fleuves rivaux qui baignent sa patrie,
Et les champs, et les monts, et le lac vénéré ;

Et tes canaux, beau fleuve aux rives fortunées,
Qui des joyeux colons fertilisent les champs,
Et servent à fonder les demeures aimées
D'où sortent au grand jour un peuple d'habitants.

Heureux qui, prodiguant les flots de sa richesse,
Élève sur le sol des travaux somptueux !
A la splendeur de l'or s'il unit la sagesse,
Le peuple bénira ce mortel vertueux.

Jupiter, roi des Dieux, maître de la lumière,
A qui Pise et l'Alphée et l'Ida sont soumis,
En modes lydiens s'élève ma prière,
Plie au joug des vertus la cité de Psaumis.

Que Psaumis, cet orgueil des fêtes de la Grèce,
Dans sa belle cité coule des jours heureux,
Et que ses nobles fils, l'entourant de tendresse,
Couvrent son front blanchi de festons généreux.

Celui qui sait unir, au gré de son envie,
Les dons de la santé, les palmes de l'honneur,
D'un double rayon d'or voit resplendir sa vie,
Et jusqu'au seuil des Dieux voit monter son bonheur.

ODE VI.

A AGÉSIAS DE SYRACUSE.

ÉVADNÉ ET SON FILS IAMOS.

Le poëte compare son héros à Amphiaraüs, fils d'Oïclée, mort
devant Thèbes. Puis, passant aux aïeux d'Agésias, il raconte la
poétique histoire de la nymphe Évadné et de son fils Iamos,
qu'il rattache aux traditions sur les jeux d'Olympie. Agésias
descend de ce héros; citoyen de Syracuse, il était de Stymphale
en Arcadie. Thèbes et l'Arcadie ont une origine commune, d'où
résulte un lien entre le héros et le poëte.

Celui qui veut construire un palais magnifique
D'abord sous le soleil élève le portique;
Tel mon brillant prélude est un portique d'or.
Pour le nouveau vainqueur de la lice sacrée,
Pontife et citoyen d'une illustre contrée,
    Toute lyre s'éveille encor.

La mienne aussi frémit et veut chanter la gloire ;
Triompher sans péril n'est pas une victoire,
J'aime un laurier conquis par des efforts brûlants.
Le jour où succomba le grand fils d'Oïclée,
Quand la terre thébaine à ce coup ébranlée
Sur lui, sur ses coursiers eut refermé ses flancs :

Devant les sept bûchers, devant Thèbe alarmée,
Adraste dit : « Quel chef dans toute mon armée
» Peut comme lui combattre et prévoir l'avenir ? »
Eh bien, Agésias mérite cette gloire ;
J'en jure... il a cueilli sa plus douce victoire
    S'il voit les peuples le bénir.

Fidèle serviteur, viens, écuyer rapide,
Phinthis, arme le char de ton maître intrépide,
Attelle sous les fleurs les coursiers glorieux.
Sur leur dos frémissant, poète je m'élance ;
Des bords de l'Eurotas troublant le long silence
J'irai de mon héros évoquer les aïeux.

Je dirai les amours de la jeune Pitane,
Craintive et dérobant à tout regard profane
Le doux fruit des larcins du Dieu des flots bruyants ;
Enfant mystérieux, au berceau délaissée,
Chez le roi d'Arcadie Evadné fut placée
    Pour y grandir ses premiers ans.

Plus tard Phébus surprit la nymphe fugitive :
Alors l'Arcadien, soupçonnant sa captive,
Triste et le cœur blessé d'un impuissant courroux,
Va, quittant ses foyers, furtif et solitaire,
De Delphe interroger l'auguste sanctuaire,
Pour calmer ses soupçons et ses transports jaloux.

Cependant Evadné sur la rive dépose,
Avec l'urne d'argent, la ceinture de rose,
Et met au monde un fils beau comme les amours.
A la voix d'Apollon, on vit s'asseoir Lucine
Auprès du nouveau-né ; Clotho, parque divine,
          Vint lui promettre de beaux jours.

Le jeune enfant, couché près des flancs de sa mère,
Gisait, aux feux du ciel, sous l'ombre bocagère ;
Tout-à-coup deux serpents, monstres hideux au jour,
Auprès du nourrisson s'étendent, ô merveille !
Lui versant à l'envi le nectar de l'abeille...
          Mais Épytus est de retour :

« Un Dieu, fils d'Apollon, disait-il, vient d'éclore ;
» Sa gloire marchera du couchant à l'aurore,
» De sa race jamais ne s'éteindra la loi.
» Montrez-moi cet enfant, orgueil de la contrée.
» — Nous ne l'avons point vu : sa trace est ignorée :
» Où donc est-il ? disaient les officiers du roi. »

Et l'enfant d'Évadné, tige aimable et fleurie,
Parmi les joncs, les bois, les fleurs de la prairie,
Depuis trois jours croissait dans l'ombre du vallon.
Surtout la violette embaume son asile ;
Et de là d'Iamos le nom doux et tranquille
      Demeure à ce fils d'Apollon [1].

Quand la jeunesse en fleur ombragea son visage,
Un soir près de l'Alphée, assis sur le rivage,
Il demanda la gloire à ses Dieux paternels :
« Viens, dit Phébus, tu sais la terre fortunée
» Du mont Saturnien qui brille couronnée ;
» Là t'attendent, mon fils, des honneurs éternels. »

Tous deux vinrent alors dans la sainte contrée ;
Là du jeune Iamos l'âme aux Dieux consacrée
Des oracles reçut le don mystérieux.
Plus tard il établit le trépied prophétique
Parmi les jeux fondés dans le stade olympique,
      Près de l'autel du roi des Dieux.

La race des héros coule un destin prospère ;
De brillants rejetons Iamos fut le père.
Leur fils cueille aujourd'hui les fruits de son grand cœur ;
Il inspire aux jaloux une haine acérée,
Car, tournant douze fois la borne désirée,
Il revient grand et beau sous l'olivier vainqueur.

Le Dieu qui tient la foudre et qui verse la vie,
Mercure qui soutient la féconde Arcadie,
Et qui donne aux vainqueurs des lauriers immortels,
Aiment d'Agésias et la race et la vie;
Ses aïeux maternels dans Cyllène ravie
　　Toujours ont orné leurs autels.

Thèbes et l'Arcadie ont commune origine;
Stymphale, Agésias, est ta source divine,
De Métope et Thébé nous sommes les enfants;
Sur les bords que foulaient ces nymphes adorées
J'aime à cueillir des fleurs nouvelles et sacrées,
Pour couronner des fronts nobles et triomphants.

Je sens renaître en moi l'harmonieux délire;
Rhapsode aux chants si doux, toi qui règles ma lyre,
Des muses messager, portant le sceptre d'or,
De mes vers pour Junon relève l'harmonie,
Et dis si je ressemble, enfant de Béotie,
　　Au pourceau qui mange et s'endort.

Je veux dire le roi de deux cités puissantes,
Hiéron, dont les mains aux Dieux obéissantes
Aux autels de Cérès versent des flots d'encens:
Oh! que puissent ses jours s'écouler sans nuage!
Prince ami des concerts, et qui toujours, roi sage,
Incline son oreille aux généreux accents.

Mais reviens, mon héros, sur ma lyre chérie...
Agésias possède une double patrie ;
Sur deux ancres ainsi dort l'esquif abrité.
Neptune, à mon héros donne un retour prospère,
Et verse sur mes chants, ornement de la terre,
    Un rayon d'immortalité.

(1) D'un mot grec qui en effet signifie violette.

ODE VII.

A DIAGORAS DE RHODES.

⫘

APOTHÉOSE DE L'ILE DE RHODES.

C'est en effet une magnifique exaltation de l'île de Rhodes qui fait
le fond de cette pièce. Diagoras est issu des Dieux et de Tlépolème, lequel ayant immolé son oncle Licymnius, frère
d'Alcmène, reçut de l'oracle l'avis de se réfugier à Rhodes. De
là l'histoire de la naissance de cette île donnée par les Dieux en
partage à Apollon; puis le poëte revient à Tlépolème, en l'honneur de qui des jeux ont été fondés, et à Diagoras, qui du reste
fut un grand citoyen. — Voir Anacharsis, ch. 38.

Quand tous sont réunis au banquet d'Hyménée;
Quand la foule est assise et de fleurs couronnée,
Que le vin frais et pur rit dans la coupe d'or;
Après avoir goûté la liqueur désirée,
Le père au jeune époux d'une fille adorée
        Passe le radieux trésor.

L'époux, ayant reçu ce gage d'alliance,
L'emporte en son palais, doux seuil de son enfance ;
Cette coupe ornera la table du festin,
De compagnons joyeux quand la foule importune,
Bruyante, reviendra saluer sa fortune,
      Jalouse d'un si beau destin.

Tel j'ai laissé courir les flots de mon génie ;
Sous le divin nectar de ma sainte harmonie
J'abreuve les héros au front victorieux.
Qu'heureux est le mortel de qui la renommée
Vole, aux sons renaissants de la lyre charmée,
      Parmi les chœurs harmonieux !

Avec mon Diagore, au souffle qui m'entraîne,
Je cède, et sans frayeur je descends dans l'arène.
Et toi, douce contrée, ô fille de Vénus,
Épouse d'Apollon qui verse la lumière,
Rhodes, lève l'orgueil de ta tête guerrière,
      Pour toi de beaux jours sont venus.

Aux bords de Castalie, aux rives de l'Alphée,
Diagore a paru ceint du double trophée.
Gloire à son père, prince illustre et respecté ;
Aux Argiens assis dans cette île fameuse
Qui regarde l'Asie, et sur l'onde écumeuse
      Voit briller sa triple cité.

Gloire à ses grands aïeux, au divin Tlépolème,
Au redoutable Hercule, à Jupiter lui-même;
Son aïeul maternel est l'antique Amyntor...
Hélas! l'âme est flottante, à l'erreur condamnée,
Et nul, avant le jour qui clôt sa destinée,
  Ne connaît la route du port.

Tlépolème subit cette ignorance amère:
Dans Tyrinthe il frappa le frère de sa mère,
Et l'étendit sanglant sous un noueux bâton.
Du plus grand des héros égarement funeste!
Cependant, pour fléchir la colère céleste,
  Il vint consulter Apollon.

Du fond du sanctuaire auguste, impénétrable,
Qui dispense aux humains le sort irrévocable,
La voix sainte eut pitié de ses remords amers,
Et lui dit de voguer, loin d'Argos sa patrie,
Vers une île qui luit scintillante et fleurie,
  Comme une étoile sur les mers.

C'était Rhode! A ce nom mon souvenir s'éveille;
Je veux dire comment Jupiter, ô merveille!
Sur Rhode un jour versa la pluie en gouttes d'or,
Quand de son front brisé la déesse invincible,
Minerve s'élança, poussant un cri terrible,
  Ailée et prenant son essor.

D'épouvante en frémit le ciel avec la terre ;
Par l'ordre d'Apollon, dans un pieux mystère,
Les Rhodiens à Pallas vont dresser un autel.
Ils charmeront ainsi la déité naissante,
Et Jupiter, sur eux levant sa main puissante,
    Promet l'avenir immortel.

De la Prudence heureux qui suit la juste voie !
Sa fidèle vertu cueille un trésor de joie ;
Mais hélas ! que de fois, sombre Témérité,
Le sentier se dérobe à travers ton nuage !
Car la vertu s'y trompe, et sur les pas du sage
    Tu répands ta fausse clarté.

Ainsi, pour consumer la victime fidèle,
Les Rhodiens n'avaient pas la première étincelle ;
Ils n'avaient point de temple à la clarté des cieux.
Ils remplirent pourtant la volonté sacrée,
Et dressèrent l'autel dans leur sainte contrée,
    L'autel ordonné par les Dieux.

Et Jupiter, touché de leur obéissance,
Leur versa l'or en pluie, et fonda leur puissance ;
Minerve leur donna cet art industrieux
Qui, façonnant l'argile et la pierre glacée,
Commande à la nature inerte et sans pensée
    De vivre et se mouvoir aux yeux.

Les arts divins en foule à Rhodes accoururent;
Que de marbres vivants dans la cité parurent!
Il est beau le talent fils de la vérité.
Et moi, Rhodes, plus haut reprenant ton histoire,
De ton premier berceau je veux à la mémoire
    Rappeler la félicité.

— Quand Jupiter, assis sur la voûte profonde,
Avec les immortels eut divisé le monde,
Sur son char oublié Phébus n'eut point sa part.
Puis, quand du roi du ciel la providence auguste
Proposa d'entreprendre un partage plus juste,
    De rompre l'œuvre du hasard,

Apollon répondit : « Parmi l'onde charmée
» Voyez là-bas grandir une île parfumée,
» Riche de fruits, de fleurs, de guerriers, de troupeaux,
» Qu'elle répare, ô Dieux, l'erreur d'un vain partage.
(C'était Rhodes, qui, seule et comme un doux rivage,
    Paraissait au milieu des eaux.)

» Que la Parque sacrée aux parjures terrible,
» Que du grand Jupiter la parole inflexible
» S'unissent pour former le serment solennel;
» Et que l'île inconnue, et belle et fortunée,
» Qui s'élève, de fleurs et d'épis couronnée,
    Soit mon héritage éternel. »

Ainsi Rhode appartint au Dieu de la lumière
Qui pousse un char de feu dans la vaste carrière ;
Bientôt il épousa la nymphe de ces lieux.
De leurs trois petits-fils Rhodes retient la gloire ;
Car trois nobles cités consacrent la mémoire
    Et les noms de ces demi-dieux.

— Réviens à Tlépolème, ô muse vagabonde.
Quand il eut clos sa vie en tristesses féconde ,
Des jeux furent fondés sur son divin tombeau ;
Là, triomphant par tous les stades de la Grèce,
Deux fois Diagoras signala son adresse,
    Et cueillit son prix le plus beau.

Puis-je nombrer les fruits de sa valeur divine,
Athène et l'Arcadie, Argos, Pellane, Égine,
Mégare où son nom seul sur le marbre est gravé ;
Que sais-je? O Jupiter, Dieu grand et secourable.
Protège sous ton ombre un vainqueur redoutable ,
    Sur tous les vainqueurs élevé!

Aimé de tous, fidèle aux leçons domestiques,
Brave et resplendissant des palmes olympiques,
Qu'il marche devant toi dans l'austère équité.
Rhode aime les banquets et se fie aux étoiles ;
Mais qui peut se flatter de fixer dans ses voiles
    Le vent de la prospérité?

ODE VIII.

AU JEUNE ALCIMÉDON, A SON FRÈRE TIMOS-THÈNES, A MILÉSIAS LEUR MAITRE, D'ÉGINE.

ÆACUS, ROI D'ÉGINE.

L'Éginète Æacus avait construit les murs d'Ilion avec Apollon et Neptune; trois dragons, symbole des trois siéges soutenus par cette ville, entrèrent dans les remparts. Alors les fondateurs se dispersent; Æacus revient à Égine. Le poëte revient aussi à ses premiers héros, loue leur maître, et finit par de belles idées sur la joie que les morts, et particulièrement les aïeux, ressentent en apprenant les succés des vivants.

Mère des grands combats, Pise, belle contrée,
De la vérité sainte, ô reine vénérée,
    Asile des héros,
Où le prêtre, fouillant les fibres des victimes,
Demande à Jupiter pour ces cœurs magnanimes
    La gloire et le repos.

Le ciel aime à bénir la pieuse prière ;
Et les Dieux ici-bas mènent à la lumière
     Par des chemins divers :
Mais la palme de Pise est le plus beau trophée,
Et je veux la chanter ; prête, ô bois de l'Alphée,
     Tes échos à mes vers.

Mes deux héros sont chers au monarque du monde :
L'un cueillit à Némée une palme féconde ;
     Vaillant Alcimédon,
A Pise tu montras la beauté sans rivale ;
Et, vainqueur, ta couronne à ta cité natale
     Est le plus noble don.

Ta cité de Thémis est l'asile fidèle ;
Égine ouvre son sein, puissante et maternelle,
     A toute nation.
Forte, elle monte au ciel, immuable colonne ;
Que toujours l'avenir attache à sa couronne
     Un splendide rayon !

— Au peuple dorien remonte sa fortune.
C'était lorsqu'Æacus, Apollon et Neptune
     Bâtirent Ilion ;
Et lorsqu'un noir présage à la ville alarmée
Dit qu'elle ne serait un jour qu'une fumée,
     Invisible et sans nom.

Quand les murs d'Ilion sous le ciel s'élevèrent,
On dit que trois dragons dans l'ombre s'élancèrent,
  Rouges et frémissants.
Deux aux pieds de la tour furent jetés sans vie;
L'autre pénétra, plein d'une homicide envie,
  . Dans les remparts naissants.

En affreux sifflements il exhalait sa rage.
Phœbus, reconnaissant un sinistre présage
  A ce signe certain :
« Æacus, dit le Dieu, les remparts de Pergame,
» Par l'endroit où ta main les construit, dans la flamme
  Subiront leur destin.

» Ilion tombera sous des fils de ta race,
» Æacus. » Aussitôt le Dieu, fuyant la trace
  De ces nouveaux remparts,
Vole aux champs de l'Ister, où l'ardente amazone,
Avec ses fiers coursiers, s'élance et de Bellone
  Affronte les hasards.

Attelant ses coursiers sous leurs rênes dorées,
Neptune, dans Corinthe, à ses fêtes sacrées
  Va convier les rois;
Tandis qu'au lieu qui vit leur brillante origine
L'aïeul de mes héros, Æacus, dans Égine
  Revient porter ses lois.

— Or aujourd'hui, bravant tous les traits de l'envie,
Je veux, Milésias, dire ta noble vie
    Et tes propres exploits ;
Heureux triomphateur aux combats de Némée,
O maître des vainqueurs, pour qui la renommée
    Éclate en mille voix,

Heureux Milésias ! Rempli d'expérience,
Son cœur n'est point épris d'une ombre de science,
    Féconde en vains discours ;
Pour la trentième fois, à ses leçons docile,
Le jeune Alcimédon cueille un laurier fertile
    Qui fleurira toujours.

Alcimédon, le ciel seconda ton courage,
Toi qui vis, fugitifs et pleurant sous l'outrage,
    Quatre jeunes rivaux.
Ton aïeul sent en lui renaître sa vaillance,
Et l'âme du vieillard s'éveille à l'espérance
    De tes futurs travaux.

Des enfants de Blepsus l'ombre vous environne,
Braves lutteurs, ils ont six fois ceint la couronne
    Sur leurs fronts éclatants ;
Il faut toujours garder une part de sa gloire
A ceux qui ne sont plus, dont la seule mémoire
    A triomphé du temps.

Oh ! que l'ombre des morts vous reste vénérée !
Les morts sentent frémir sous leur cendre sacrée
    Leurs souvenirs vivants.
Tel sur les sombres bords, Iphion, à ton frère
Tu dis quels grands combats d'une palme prospère
    Ont ceint vos deux enfants.

Et toi, grand Jupiter, aux dons de leur jeune âge
Joins la santé, la force, et l'agile courage ;
    Fais-leur un beau destin.
Loin d'eux de Némésis écarte la furie ;
Et donne à mes héros, à leur cité chérie,
    Un bonheur sans déclin.

ODE IX.

A ÉPHARMOSTE D'OPUNTE.

ÉLOGE DE CETTE VILLE.

Deucalion sous le nom d'Opus a été le fondateur d'Opunte; un autre Opus, petit-fils du premier, a régné avec éclat sur cette cité; le vainqueur est de cette race illustre. Il y a dans cette ode un beau développement de cette vérité, savoir que les hommes ne sont sages et puissants que par le secours des Dieux.

Que le jeune Epharmoste, épris de sa victoire,
Monte au saint promontoire avec des chœurs de gloire;
Que l'on dise pour lui trois fois le vers sacré.
Je chante Jupiter, et d'une voix amie
Je ferai résonner les bois d'Hippodamie
    Aux sons de mon luth inspiré.

Pour louer dignement ce vainqueur redoutable,
La muse m'a prêté sa flèche inévitable;
Mon fidèle carquois me prodigue ses dards.
Mère de mon héros, ô terre vénérée,
Séjour de la vertu, de l'équité sacrée,
    Oponte, honneur à tes remparts!

La muse m'a choisi; plus prompte et plus légère
Qu'un rapide coursier, qu'une nef passagère,
Elle fera voler ton nom dans l'univers.
Je cueillerai des fleurs dans le jardin des Grâces,
Ces déités qui font éclore sur leurs traces
    Les jeux, la gloire et les beaux vers.

Mortels, tout vient des Dieux; votre ardeur insensée
Aspire vainement aux dons de la pensée,
Sans les Dieux qui peut vivre à l'abri des revers?
D'Hercule, nous dit-on, l'orageuse fortune
Put résister aux Dieux, à Phœbus, à Neptune,
    Au sombre tyran des enfers.

Non, je ne le crois pas. Malheureux qui se fie
A ces récits menteurs! A l'immortelle vie
Des Dieux oserez-vous comparer les humains?
Je suis votre disciple, ô filles de Mémoire.
Ah! plutôt avec moi dites une victoire,
    Doux prix d'infatigables mains.

Muses, chantez Oponte, où venus du Parnasse,
Après avoir fait naître une nouvelle race,
S'établirent jadis Pyrrha, Deucalion.
Le berceau des humains fut ta haute origine,
Épharmoste, je veux de ta race divine
    Dérouler la tradition.

— Des présents de Bacchus la vieillesse est la gloire;
Mais que l'ode soit jeune et digne de mémoire.
Deucalion fut ton premier aïeul, ô roi;
On nomme jusqu'à lui ta race auguste et fière,
Tes aïeux ont régné dans la cité guerrière
    Qui s'incline encor sous ta loi.

Une fille d'Opus un jour, Protogénie
Nymphe par Jupiter en Élide ravie,
A son époux Locrus donna pour héritier
Un autre Opus, le chef d'une race immortelle,
Celui qui répandit sur la cité nouvelle
    L'ombre d'un sceptre hospitalier.

Vingt peuples sont entrés dans sa vaste alliance:
Le père de Patrocle obtint sa confiance,
Patrocle qui suivit le grand Agamemnon,
Un des nobles héros de la Grèce assemblée,
Qui vainquit Téléphus, que le fils de Pélée
    Appela son cher compagnon.

Si je pouvais, ouvrant mes ailes glorieuses,
Suivre d'un vol léger les sœurs harmonieuses
Dont le char éclatant fuit loin des yeux mortels,
Du parent d'Épharmoste éternisant la gloire,
Je dirais deux héros sous la même victoire
     Unissant leurs cœurs fraternels.

Honneur au fils d'Opus; il n'est pas de couronne
Que dans les jeux sacrés ce héros ne moissonne.
A peine un poil léger ombrageait son menton,
Noble enfant, aux regards de la foule étonnée,
Il courut, et cueillit la palme fortunée
     Dans la plaine de Marathon.

Heureux qui, pour chanter une vie héroïque,
En naissant a reçu le souffle poétique
Qu'on ne puise jamais aux humaines leçons!
Si Dieu même n'a pris soin de monter sa lyre,
Le poëte toujours, sans âme qui l'inspire
     S'épuise en de stériles sons.

Oui, sans toi, Jupiter, tout meurt, tout est futile,
Sans toi l'homme possède une force inutile.
Tout fléchit sous l'athlète aimé des immortels;
Tel, vainqueur, aux regards de l'auguste assemblée,
Épharmoste au tombeau du grand fils d'Oïlée
    Dressa des festins solennels.

ODE X.

A AGÉSIDAME DE LOCRE ÉPIZÉPHYRIUM.

HERCULE, FONDATEUR DES JEUX.

Cette ode peut être rapprochée de la 3e. Pindare se répand en
éloges d'Hercule, qui fonda les jeux olympiques, après avoir
vaincu deux fils de Neptune et le roi de Pise Augias. Il rappelle
les noms des premiers héros couronnés, et arrive à Agésidame
son héros. De beaux traits sur le prix de la poésie et de ses pro-
pres vers terminent cette pièce où l'on voit régner surtout cette
idée, que dans l'héroïsme du vainqueur olympique il faut voir
l'emblème de la vertu.

Muse, et toi Vérité, de Dieu fille éternelle,
Pour le fils d'Archestrate inspirez mes accents;
Il est temps d'acquitter ma dette solennelle
    Par des accords plus ravissants.

Oh! ne m'accusez pas; je paie avec usure,
Et je puis loin de moi, fidèle débiteur,
Comme un sable mouvant s'enfuit sous l'onde pure,
    Voir fuir le reproche imposteur.

L'auguste vérité, vaillant Agésidame,
De Locre, ta patrie, affermit les remparts ;
La muse les chérit, les orne de sa flamme ;
　　Ils sont forts sous l'ombre de Mars.

Lorsque tu commenças la lutte glorieuse,
Si ton bras un moment se sentit ébranler,
Songe qu'avant d'abattre une tête odieuse
　　Hercule aussi put chanceler.

Qu'importe ? tu vainquis. Gloire à ta noble ville,
Gloire à toi, Locrien ceint d'une palme d'or,
A ton fidèle Ilas en qui, nouvel Achille,
　　Tu retrouvas le fils d'Actor.

Voyez ces deux amis ; la vertu fut leur guide,
Unissant leurs conseils, tous deux ont même sort ;
Pourvu que Dieu toujours à leurs desseins préside,
　　Ensemble ils vogueront au port.

Quel sera le mortel chez qui la pure joie
Brillera sans s'éteindre, heureux flambeau du cœur ?
C'est celui qui des maux que le ciel nous envoie,
　　Luttant, échappera vainqueur.

Mais laissons l'avenir avec sa loi fatale.
J'aime mieux dire encor les grands combats sacrés
Qu'Hercule a rétablis, divin fils de Tantale,
　　Au pied de tes os vénérés.

— Hercule, poursuivant les deux fils de Neptune,
Avait surpris ces rois dans d'obscurs défilés,
Et vengé dans leur sang sa mauvaise fortune
    Et ses compagnons immolés.

Aux remparts d'Augias il apparut terrible ;
Le prince et les sujets baignèrent dans leur sang.
Fallait-il, malheureux, à ce bras invincible
    Opposer ton front impuissant ?

Et le vainqueur dans Pise éleva son trophée,
Monument au Dieu roi des cieux et d'ici-bas,
Ordonna des festins, puis autour de l'Alphée
    Désigna le champ des combats.

Il donne un nom divin à la colline antique
Qui fut d'Ænomaüs le fertile séjour ;
Les Parques et le temps, le temps dieu prophétique,
    Assistèrent à ce grand jour :

Les pas d'Hercule sont gravés sur la poussière.
C'est ici qu'il offrit les prémices aux Dieux ;
C'est là qu'il ajournait la jeunesse guerrière
    A cinq ans pour les nouveaux jeux.

Échémus à la lutte eut la palme première ;
Au ceste Doryclus fut le triomphateur ;
Æonus atteignit le but dans la carrière ;
    Phrastor lança le trait vainqueur.

Avant tous ses rivaux un fils de Mantinée
A la borne prescrite amena ses coursiers;
Énicée, aux regards de la foule étonnée,
    Au disque vainquit les guerriers.

La lune leur prêtait sa clarté solitaire,
Et le peuple, parmi les jeux et les festins,
Près du temple du roi des cieux et de la terre,
    Célébrait ses nouveaux destins.

— Jupiter règne aux cieux; il peut réduire en poudre
Les perfides mortels; oui, gloire à Jupiter!
Je chanterai d'abord ce grand Dieu dont la foudre
    Éclate au sommet de l'Ether.

Puis, aux champs d'Olympie, ô muse enchanteresse,
Tu réserves des sons pour le nouveau vainqueur.
Écoutez : savez-vous quelle paisible ivresse
    D'un père fait battre le cœur,

Lorsqu'aux regards trompés d'une foule jalouse,
Il emporte en mourant l'espoir consolateur
Que son fils, noble fruit d'une fidèle épouse,
    De ses biens sera le pasteur?

Tel un noble héros bénira son partage,
S'il se voit en mourant par la muse chanté,
S'il voit son nom, sa gloire, immortel héritage,
    Reçus dans la postérité.

Jeune héros, aux chants des filles de Mémoire,
Tes vaillants Locriens sont portés jusqu'au ciel;
Et de mes vers sacrés, pour célébrer ta gloire,
　　Pour toi je verse le doux miel.

Combien sied à ton front la palme désirée !
Ta beauté resplendit sous l'ardeur des combats.
Tel Ganymède, enfant, amour de Cythérée,
　　Évita la faux du trépas :

Le trépas, Dieu cruel, dont la faux équitable
Touche indifféremment les pâtres et les rois,
Et fait à tous sentir, propice ou redoutable,
　　Le sombre empire de ses lois.

ODE XI.

AU MÊME AGÉSIDAME.

⚬

LA MUSE ET LES LOCRIENS.

Cette ode est un intérêt que Pindare devait à l'athlète, pour lui
avoir fait trop attendre la précédente. On y voit que la muse
civilise les peuples et leur donne l'immortalité.

———

Le vent pousse le navire,
L'eau du ciel en tombant du pâtre émeut le cœur ;
Poëtes, c'est ainsi qu'aux sons de votre lyre
S'enflamme le vainqueur.

La gloire des héros à mes chants suspendue
Vole et plane en tout lieu,
Et l'inspiration sur mon luth descendue
Est un souffle de Dieu.

Vaillant Agésidame, honneur à la victoire !
 A la couronne d'olivier
 Déjà la fille de Mémoire
Sur ton front veut unir l'orgueil de son laurier.

Un hymne va jaillir de ma lyre charmée,
 Un hymne à tes concitoyens ;
Car peut-on oublier ou vaincre en renommée
 Les fils des Locriens ?

Venez, muses, formez votre danse légère ;
Ce peuple est sage et fier, des arts il est jaloux ;
Sa porte à l'étranger jamais n'est étrangère ;
Muses, venez ; ce peuple, il est digne de vous.

 Locriens, votre expérience
Est la même toujours et ne se dément pas ;
Le renard ne saurait oublier sa prudence,
Et toujours le lion rugit, vole aux combats.

———

ODE XII.

A ERGOTELE D'HIMERE.

———o———

LA FORTUNE.

Le sujet intérieur de cette ode est de montrer que la fortune est instable, et de rappeler ses faveurs sur les hommes vertueux.

———

Fille de Jupiter, ô déesse adorée,
Qui fais glisser en paix la voile sur les mers ;
Arbitre des conseils, de la guerre abhorrée,
    Déesse féconde en revers :

O Fortune, ta main relève l'espérance
Du mortel qui jadis languissait abattu ;
Puis, sous ton jeu cruel, l'inflexible souffrance
    Revient proclamer ta vertu.

Trop malheureux mortels, aveugles que nous sommes ! .
Nous ne saurons jamais lire aux décrets du sort ;
Un seul but est visible à travers l'ombre aux hommes,
    Et c'est l'inévitable mort.

O déité, descends dans les remparts d'Himère,
Va, comble de tes biens une grande cité ;
Ergotèle est vainqueur, sa tête illustre et fière
    S'ombrage d'immortalité.

S'il n'eût été banni de son noble héritage,
Ainsi qu'un jeune coq dans l'humble basse-cour,
Il eût en vains efforts consumé son courage,
    Obscur jusqu'à son dernier jour.

Mais, vainqueur dans les jeux de la Grèce charmée,
Sa gloire encor fleurit sur les champs paternels,
Dans Himère, bains chers aux nymphes, terre aimée
    Des héros et des immortels.

ODE XIII.

A XÉNOPHON DE CORINTHE.

FABLE DE BELLÉROPHON.

Au sujet de la victoire d'un Corinthien, le poëte raconte l'histoire fabuleuse de Bellérophon domptant Pégase ; puis il continue comme il a commencé, en louant son héros ou plutôt Corinthe son illustre patrie.

Pour louer une race en triomphes fertile,
Je veux chanter Corinthe et ses remparts amis,
Où fleurissent la paix et l'équité tranquille,
    Augustes filles de Thémis.

Loin d'elles fuit l'injure aux flèches acérées ;
Puissants fils d'Alètes, sur vos nobles remparts,
Vos héros triomphants à nos fêtes sacrées
    Font briller la gloire et les arts.

Chez vous nous admirons les danses gracieuses,
Les fêtes de Bacchus, l'agilité des chars,
Les beaux temples, les dons des sœurs harmonieuses,
    Et le cri terrible de Mars.

Daigne, grand Jupiter, du sommet de ton trône
Étendre sur Corinthe un sceptre protecteur,
Et voir avec bonté l'éclatante couronne
    Que l'offre son triomphateur.

Deux fois l'isthme, deux fois Némée a vu sa gloire ;
Digne de Thessalus, héros dont il est né,
Trois fois en un seul jour saluant sa victoire
    Athène encor l'a couronné.

Marathon l'a sept fois vu vaincre sur sa plage ;
Mais dans l'isthme il a ceint ses lauriers les plus beaux.
Ah ! plutôt vous diriez les sables du rivage
    Que le nombre de ses travaux.

O ma lyre, il est temps de célébrer Corinthe,
Et ses vaillants guerriers, et ses sages aïeux,
Et Sysiphe, et Médée au cœur fier et sans crainte,
    Fugitive sous tous les cieux.

— Oui, Corinthe, tes fils sur les traces d'Hélène
Ont couru ; près d'Hector d'autres ont vu leur jour :
Tel Glaucus, qui vantait les trésors que Pirène
    Lui réservait à son retour.

De ce Corinthien les richesses nombreuses
Étaient ton héritage, ô grand Bellérophon,
Toi dont Corinthe encor sur ses rives heureuses,
    Vigilante, garde le nom.

Un jour Bellérophon, que la force environne,
S'épuisait en efforts stériles et brûlants,
Pour dompter le coursier que l'affreuse Gorgone
    Venait de chasser de ses flancs.

Alors Pallas, glissant des hauts parvis du monde,
Lui dit en songe : « Héros, debout, prends ce frein d'or,
» Immole un taureau blanc au Dieu puissant de l'onde,
    » Qu'il voie en tes mains ce trésor. »

Et Pallas disparaît ; Bellérophon contemple
Ce frein qu'il va montrer au devin Polydon :
« Tandis que je dormais, lui dit-il, dans le temple,
    Du ciel j'ai recueilli ce don. »

Le devin répondit : « Au destin sois docile,
» Au belliqueux Neptune offre le sang sacré,
» Un autel à Pallas, puis le coursier agile
    » Cédera sous le frein doré.

» Car, vois-tu, des mortels la futile espérance
» Ne s'étend pas si loin que le regard des Dieux ;
» Les Dieux règnent, des Dieux l'éternelle puissance
    » Passe leur promesse et nos vœux. »

Il vint, dompta Pégase, et, seul et sans armée,
Aux filles du Strymon prodigua le trépas ;
L'indomptable Chimère à la gueule enflammée
    Éteignit ses feux sous ses pas.

Puis le héros mourut, et la céleste voûte
Reçut le grand coursier dans les parvis sacrés.
Mais que fais-je, insensé ! pourquoi loin de ma route
    Promener mes pas égarés ?

Parents de Xénophon, accourez sur ma lyre ;
Dans tous les grands combats ils furent couronnés ;
Dans l'avenir je veux que leur vertu m'inspire
    Encor des hymnes fortunés.

Oui, j'espère pour eux des palmes plus brillantes.
J'aime à voir ces héros triompher en tout lieu ;
Pourtant de l'avenir les fleurs étincelantes
    Gisent dans le secret de Dieu.

Mais Jupiter et Mars ont reçu leurs hommages,
Ces Dieux leur donneront un triomphe immortel ;
La Grèce, saluant leurs augustes images,
    Semble leur dresser un autel.

Confirme, Jupiter, ton présage céleste,
Aux biens de ces héros joins la célébrité ;
Donne-leur, à l'abri de tout revers funeste,
    L'immuable prospérité.

ODE XIV.

AU JEUNE ASOPIQUE D'ORCHOMÈNE.

LES GRACES.

Cette ode est un hymne aux Grâces ; le trait qui la termine est une nouvelle preuve de la pensée du poëte sur l'immortalité de l'âme.

Vous qui, dans Orchomène, opulente cité,
Ornez des Myniens l'auguste antiquité,
Des coteaux du Céphise habitantes chéries,
Qui, joyeuses, foulez l'émail de ses prairies,
Toujours belles, toujours déesses et toujours
Reines pour enchaîner la gloire et les amours,
Déesses, écoutez mon ardente prière.
De vous descend la paix, la joie et la lumière ;

Vertu, beauté, grandeur, les trésors les plus doux,
O Grâces, il n'est rien qui ne vienne de vous.

Par les Dieux immortels vous êtes vénérées;
Lorsque l'on voit du ciel les cohortes sacrées
S'unir et préluder aux danses, aux festins,
Vous dirigez la danse et les chœurs incertains.
Vous, Aglaé, Thalie, orgueilleuse Euphrosine,
A mes chants inspirés votre oreille s'incline.
Assises près du Dieu qui tient la lyre d'or,
Jamais en l'écoutant votre cœur ne s'endort;
Et là, dans une extase immortelle, infinie,
Vous contemplez le Dieu souverain d'Olympie.

Sous votre saint abri, poëte j'ai chanté;
Au mode lydien mon hymne est emprunté;
Pour toi, jeune Asopique, heureux fils d'Orchomène,
Pour toi, pour ta cité, noble et riant domaine,
Qui brille sous ta gloire, et luit de ton soleil.
Écho, vous descendrez sous l'horizon vermeil
Porter aux sombres bords l'événement prospère,
Et vous réjouirez le cœur tendre d'un père;
Car son fils est vainqueur, et sur son front guerrier,
Comme une aile, frémit sa palme de laurier.

———

PYTHIQUES.

ODE PREMIÈRE.

A HIÉRON D'ETNA.

L'ETNA, LA MUSE, ET LE VAINQUEUR DES CARTHAGINOIS.

Hiéron, roi de Syracuse, était surnommé l'Etnéen, parce qu'il avait restauré la ville de Catane, et l'avait appelée Etna, du nom de la célèbre montagne qui en est voisine. Après le tableau mythologique des circonstances qui se rapportent au mont Etna, où est située la nouvelle ville fondée pour ainsi dire par Hiéron, pour son fils Dinomène, il prédit au roi de Syracuse qu'il sera toujours vainqueur de ses ennemis; il rappelle sa victoire sur les Carthaginois, gage des triomphes qui l'attendent dans l'avenir. Laharpe a traduit en vers le début de cette ode. Voici en quelques mots la suite des idées : La Poésie est souveraine jusque dans les cieux; ceux qui n'aiment pas les Muses sont aussi les ennemis des Dieux; Typhée en est l'exemple, Jupiter l'en punit. Mais Hiéron honore les Dieux et les Muses; il sera comblé de biens lui et son fils, etc.

O lyre, doux trésor du Dieu de l'harmonie,
Toi qui conduis la danse et diriges les chœurs,
Toi qui règles les chants des vierges d'Aonie,
Et soumets les concerts à tes accents vainqueurs.

Tu préludes, les cieux t'écoutent, le tonnerre
Un moment a cessé d'épouvanter la terre.
  Appuyé sur le sceptre d'or,
L'oiseau de Jupiter, aux voûtes éternelles,
Cède au charme divin; ses deux brûlantes ailes
  Retombent; il s'endort.

Il dort, il est vaincu; quelle douce lumière
Sur sa tête repose en nuage d'azur?
C'est toi qui fais tomber sur sa vive paupière
Ce rayon solennel, voile céleste et pur.
D'une douce vapeur ses plumes humectées
Sur son dos arrondi se dressent agitées;
  O pouvoir sacré d'Apollon!
L'Olympe est attentif, le dieu Mars, immobile,
S'étonne de goûter la volupté tranquille
  Du fortuné vallon.

Les ennemis des Dieux sont ceux des Piérides;
Jupiter les poursuit sur la terre et les mers:
Tel Typhée, agitant ses cent têtes livides,
Est étendu sanglant dans le fond des enfers.
Ce monstre fut nourri dans un antre sauvage,
Et maintenant, frappé sur un lointain rivage
  Par le roi des Dieux irrité,
Le haut Etna, du ciel colonne inébranlable,
Enchaîne pour jamais sous sa masse immuable
  Le Titan révolté.

Oh ! qui peindra l'Etna, cette source enflammée ?
Ses flancs, quand le soleil verse les feux du jour,
Roulent de noirs torrents de cendre et de fumée ;
Mais sitôt que la nuit vient régner à son tour,
La flamme, jaillissant de l'abîme qui gronde,
Étincelle et tournoie, et dans la mer profonde
     Engloutit ces débris fumants ;
C'est le fils de Vulcain, l'audacieux Typhée,
C'est ce reptile impur dont la rage étouffée
     Vomit ces flots brûlants.

O prodige fatal, étonnement du monde !
Au sommet de l'Etna ses bras sont enchaînés,
Ses pieds sont arrêtés à la base profonde,
Le roc pèse à jamais sur ses flancs inclinés.
Jupiter, en douleurs ta vengeance est fertile...
Mais sur l'Etna, ce front altier de la Sicile,
     S'étend ton sceptre protecteur ;
Là tu vois s'élever une ville nouvelle,
ETNA, nom glorieux, c'est ainsi que l'appelle
     Son puissant fondateur.

C'est Hiéron ; guidant un char dans la carrière,
Et s'élançant au but, ce prix d'un noble cœur,
Il a paru, couvert d'une ardente poussière,
Au stade où le héraut l'a proclamé vainqueur.
De même qu'au départ, le souffle du zéphire
Souvent d'un vol léger soulève le navire ;

Le nautonnier frémit d'espoir,
Il accueille, charmé, ce fortuné présage,
Et songe qu'au retour à son natal rivage
    Il reviendra s'asseoir.

Ainsi quand tes coursiers, quand ta palme immortelle
Seront chantés parmi les jeux et les festins,
Moi, je veux, Hiéron, que mon hymne fidèle
Vole, présage heureux de tes brillants destins.
Accomplis ce présage, Apollon, roi du monde;
Que la terre d'Etna, terre en guerriers féconde,
    Atteigne son but glorieux;
Je vous invoque, ô Dieux! car tout, le rang suprême,
La force, les talents, jusqu'à la vertu même,
    Tout nous descend des Dieux.

Pour louer Hiéron, d'une flèche acérée
Je puis franchir le but et vaincre mes rivaux;
Donnez-lui donc, ô Dieux, la fortune dorée,
De longs jours, et l'oubli de ses premiers travaux.
Heureux et triomphant aux regards de la Grèce,
Il a dans les combats signalé son adresse,
    Et brisé d'impuissants efforts,
Avant qu'associés d'une étroite alliance,
Hiéron et son frère aient uni leur puissance
    Et leurs vastes trésors [1].

Réduit à supplier ton généreux courage,

Quand un rival voulut t'entraîner sur ses pas,
Tu vins, tel qu'autrefois de son affreux rivage
Philoctète accourut à l'espoir des combats ;
Des antres de Lemnos, cette vivante proie
Suivit les héros grecs et parut devant Troie
  Par les Dieux promise à ses dards...
Muse, chante Hiéron, chante, ô muse sublime,
Son fils, son noble espoir, assis, roi magnanime,
  Dans ses nouveaux remparts.

Muse, célèbre Etna ; là du beau Dinomène
Hiéron a fondé le trône glorieux ;
La balance d'Hyllus y place son domaine
Avec la liberté, cette fille des cieux.
Les enfants de Pamphile et des fiers Héraclides,
Des vallons du Taygète habitants intrépides,
  Y sont accourus à sa voix ;
Race de Doriens qui, du Pinde exilée,
Jadis avait porté dans la riche Amyclée
  Et ses mœurs et ses lois [2].

O puissant Jupiter, protége la Sicile,
Donne à son peuple heureux des biens toujours croissants,
Protège, sur les bords de l'Amène fertile,
Le jeune roi, son peuple et ses remparts naissants ;
Accoutumant son âme aux exemples d'un père,
Que Dinomène assis sur un trône prospère,
  S'affermisse par la vertu ;

Que l'ennemi le craigne et garde la mémoire
Du jour où devant Cume il vit avec sa gloire
    Son triomphe abattu,

Lorsqu'Hiéron, du haut de ses nefs intrépides,
Poursuivit, engloutit dans les gouffres amers,
De deux peuples unis les légions rapides,
Insensés, à la Grèce ils préparaient des fers !
Athène avec orgueil contemple Salamine,
Sparte aux champs platéens d'une palme divine
    Couronna ses fameux exploits.
Que ne puis-je chanter leur gloire réunie !
Mais borne ton essor et chante, ô mon génie,
    La Sicile et ses rois.

Je lance en peu de mots les traits de la pensée ;
L'homme des longs discours hait le vain appareil ;
Du jour de la vertu sa paupière est blessée,
Ainsi que son regard aux rayons du soleil.
Qu'importe ? à la vertu le sage sacrifie,
Plus heureux d'exciter ou la haine ou l'envie
    Que le sourire du mépris.
Que de la vérité tes lèvres soient esclaves,
Apprends de la justice à vaincre les entraves
    Dont les pas sont surpris.

Hiéron, toi qui tiens le sceptre redoutable,
Gouverne avec prudence et songe à l'avenir,

Songe qu'un peuple entier d'un regard équitable
Te contemple et te garde un juste souvenir.
Puis, si tu veux cueillir une palme assurée,
D'un noble sentiment suis l'ardeur inspirée,
  Sois grand et généreux en roi ;
 Pilote, ouvre la voile et donne avec largesse,
Et tout, si tu comprends ce mot de la sagesse,
  S'ouvrira devant toi.

L'homme meurt, mais le temps éternise sa gloire,
Hiéron, et la gloire est fille des beaux vers ;
La muse, de Crésus consacre la mémoire ;
Phalaris est banni du charme des concerts.
Que dis-je ? ce tyran, dont la fureur sauvage
A creusé du taureau la dévorante image,
  Subit son immortalité ;
Car après la vertu la gloire au loin rayonne ;
Heureux qui marche ceint de leur double couronne
  Dans la postérité !

---

(1) Théron, roi d'Agrigente, d'abord rival et ennemi, puis allié et beau-frère de Hiéron ; ce dernier, appelé par son beau-frère contre les Carthaginois, y vint, quoique malade, et comme autrefois Philoctète à la guerre de Troie.

(2) La nouvelle cité d'Etna avait été peuplée de colonies doriennes, parmi lesquelles Hiéron avait introduit les sages lois d'Hyllus, renommées chez les peuples de la Grèce.

ODE II.

A HIÉRON DE SYRACUSE.

IXION, OU L'INGRATITUDE PUNIE PAR LES DIEUX.

Cette ode de Pindare est admirable pour l'inspiration religieuse qui y règne; nulle part dans l'antiquité on ne saurait trouver une conception plus haute de l'unité, de la puissance, de la providence rémunératrice et vengeresse de Dieu. Pindare loue son héros d'avoir protégé les Locriens, dont la reconnaissance lui donne occasion de rappeler le supplice d'Ixion. Des invectives pleines de fiel et de verve entraînante contre ses rivaux et particulièrement contre Bacchileide, qui lui disputait la faveur d'Hiéron, terminent le poëme.

De coursiers, de héros fertile nourricière,
Syracuse, salut, noble cité de Mars ;
　　Ma muse, agile messagère,
Vole des murs de Thèbe en les vastes remparts.
Hiéron est vainqueur ; sa main infatigable
De quatre coursiers blancs tenait le frein doré ;
Diane le couvrait de sa force indomptable,

Et lui, près d'Aréthuse, ô vierge secourable,
A répandu des fleurs sur ton autel sacré.

Oui ; Diane et Mercure aux ailes rayonnantes
Ont placé sur son front une couronne d'or,
Lorsqu'invoquant le Dieu des ondes bouillonnantes,
Sa main de ses coursiers précipita l'essor.
Des rois que vous aimez célébrez la mémoire,
Poëtes ; d'Hiéron moi je dirai la gloire,
    La gloire est le prix des vertus.
Que dans Cypre à jamais on chante sur la lyre
Le prêtre de Vénus, le jeune et beau Cinyre,
    Heureux favori de Phébus,

Moi je chante Hiéron ; à la reconnaissance
J'ai dévoué mon cœur, et ma lyre et ma voix.
Les Locriens, ô roi, sauvés par la vaillance,
D'un cœur longtemps ému bénirent tes exploits.
    Les jeunes vierges fugitives,
    Levant au ciel leurs mains captives,
    Chantèrent ton nom glorieux.
Malheur aux cœurs ingrats ! immortelle victime,
Ixion nous apprend que le courroux des Dieux
    Est implacable sur le crime
Du mortel qui s'endort des bienfaits oublieux.

    Ingrat, dans le palais céleste
    Il buvait l'immortalité ;

Mais d'un égarement funeste
Il subit le prix mérité.
Vers l'épouse du Dieu suprême,
Du Dieu qui l'éleva lui-même,
Il porta ses coupables vœux.
Perfide, dont les mains sanglantes,
Du meurtre d'un hôte fumantes,
Avaient épouvanté les cieux.

Son délire insensé l'entraîna dans le piége,
　　Lorsqu'au lit du maître des Dieux
Il osa soulever un regard sacrilége.
(O mortels, apprenez à gouverner vos vœux.)
Jupiter l'en punit : une ombre de la nue,
Fantôme mensonger, vint briller à sa vue ;
De la reine des Dieux elle avait la beauté.
Ixion s'élança vers l'image infidèle,
Et ne pressentit pas la douleur éternelle
Qui suivrait sa coupable et courte volupté.

Cependant la nuée aux cieux devint féconde,
Un impur rejeton s'élança de ses flancs ;
Monstre informe et bizarre, épouvante du monde,
Les Grâces devant lui voilent leurs fronts tremblants.
Le Centaure est son nom ; dans les vertes campagnes,
Appelant des coursiers les errantes compagnes,
　　Il prodigue d'affreux amours.
De là vint une race inconnue et sauvage,

De l'homme et du coursier étonnant assemblage,
  Que les cieux abhorrent toujours.

Ainsi la main de Dieu s'étendit sur l'impie.
Qui pourrait arrêter sa puissance infinie?
Il veut, tout l'univers obéit à ses lois.
C'est lui qui dans les cieux atteint l'aigle sublime;
  C'est lui qui, plongeant dans l'abîme,
Enchaîne les dauphins attentifs à sa voix;
Il brise du puissant la menace stérile,
Tandis que la vertu lève son front tranquille
  Devant ce monarque des rois.

Chérissez la vertu; dans sa haine égarée
Archiloque en secret se nourrissait de fiel.
Je l'ai vu, je l'ai fui; car la vertu sacrée,
Jointe à l'éclat de l'or, nous approche du ciel.
Les peuples, Hiéron, garderont ta mémoire;
  Salut, ô roi victorieux!
Tu l'emportes sur tous en trésors comme en gloire;
Qui pourrait t'enlever ce double don des Dieux?

Sur le léger esquif messager du génie
Il est temps de monter pour dire tes exploits;
  Et ma lyre en flots d'harmonie
  Déjà tressaille sous mes doigts.
  Quand la guerre frémit et tonne,
Le jeune héros vole et frémit et bouillonne,

Impatient des combats meurtriers ;
Ainsi des fantassins les nombreuses cohortes
S'entr'ouvrent sous tes pas, et les coups que tu portes
Brisent les escadrons fiers de leurs vains coursiers.

Ta sagesse du peuple aimée ..
Gardera du mépris ma louange et mes vers ;
Mes vers, ils vogueront avec ma renommée
Comme un vaisseau de Tyr aux bouts de l'univers.

Comme un beau trésor de l'Asie,
Hiéron, prince aimé du ciel,
Reçois ma chaste poésie,
Reçois mon hymne solennel.
Sur les sept cordes d'Éolie,
D'un feu divin ma voix remplie
Entonne le chant de Castor.
Salut, ô mon vainqueur pythique,
Tu joins le laurier prophétique,
O prince, à ta couronne d'or.

Écoute encore, ô roi, ce précepte du sage :
Conserve purs ton âme et ton cœur et ton front ;
N'imite pas le singe au mobile visage,
Admiré des enfants dont il subit l'affront.

Des Dieux l'immortelle justice
Au juste Rhadamante a versé leurs bienfaits ;

Il sut des vils flatteurs démêler l'artifice,
  Et du méchant il confondit les traits.

Flatteurs et médisants, loin de moi, race impure,
Renards perfides, vils ouvriers d'imposture,
L'ardente soif du gain enflamme tous vos vœux;
Oh! puissé-je braver leurs efforts odieux!
Quand l'avide pêcheur a dans la mer profonde
Jeté son hameçon qu'il suit longtemps des yeux,
  Le liége flotte en paix sur l'onde;
Tel, immobile, au choc des autans furieux,
Moi, je surnagerai sur l'océan du monde,
  Et rirai de mes envieux.

  Tandis que la foule insensée
  Se charme de récits menteurs,
  L'homme de bien de sa pensée
  Écarte les traits séducteurs.
  Langue du fourbe, arrière, arrière;
  J'aime ou je hais; la paix, la guerre,
  Je puis les offrir tour à tour.
  Je ne sais point manquer ma voie;
  Tel un loup cruel à sa proie
  Revient par un obscur détour.

Qu'importe d'un état la forme souveraine?
Héritage des grands ou du peuple ou du roi,

Peuple, il faut qu'avant tout la vérité soit reine,
    Soit la vivante loi.

Mortel, ne combats pas la divine puissance,
Dieu répand à son gré les biens et les revers ;
Aux justes les trésors de sa munificence,
Mais aussi quelquefois il les ouvre aux pervers.

Et du cœur envieux l'éternelle blessure
Vit, bien que la fortune un jour l'ait visité ;
La haine est implacable, elle est fidèle, et sûre
    Dans la prospérité.

Oh ! s'il le faut, portons le joug, soyons paisibles ;
Gardons-nous de lutter sous l'aiguillon vainqueur.
Moi, parmi des mortels à la vertu sensibles,
Heureux, je goûterai le doux repos du cœur.

ODE III.

A HIÉRON DE SYRACUSE.

FABLE DE CORONIS ET DE SON FILS ESCULAPE.

Hiéron souffrait d'une maladie longue et cruelle; le poëte, après avoir raconté l'histoire mythologique de la naissance et de la mort d'Esculape, souhaite d'avoir la science de ce Dieu pour rendre la santé au roi de Syracuse. Puis il encourage son héros, en lui rappelant tous les biens qu'il a reçus des Dieux, et lui faisant voir, par l'exemple de Cadmus et de Pélée, la fragilité du bonheur des hommes. Cette ode, d'une haute portée morale, rappelle par son objet et par son mouvement l'ode au comte du Luc, la plus pindarique des odes de Rousseau, et dont nous avons parlé dans l'introduction.

Si les Dieux écoutaient la publique prière,
Chiron, tu renaîtrais à la douce lumière,
  Toi qui fus l'appui des mortels.
D'un rejeton divin tu recueillis l'enfance;
Esculape te dut sa gloire et la puissance
  Qui lui mérita des autels.

O muse, de ce Dieu raconte l'origine...
Coronis à Phébus d'une chaîne divine
    Avait uni son heureux sort ;
Mais, fuyant à la fois son amant et son père,
Cette nymphe brûlait d'un amour adultère,
    D'un feu qui lui causa la mort.

Des flammes d'Apollon son sein portait le gage ;
Déjà les nœuds d'hymen, doux et riant présage,
    Se préparaient pour son bonheur ;
Du banquet nuptial les fleurs étaient tressées,
Et les vierges le soir, les mains entrelacées,
    Venaient au seuil chanter en chœur.

Hélas ! et dédaignant cette pompe sacrée,
Coronis s'élançait, en son âme égarée,
    Sur les pas d'un autre vainqueur ;
Ainsi, quand la fortune a comblé notre envie,
Notre cœur, délaissant le bien qui le convie,
    Ne poursuit qu'un espoir trompeur.

L'étranger fut admis aux bras de la perfide.
Mais à Delphe, où du Dieu la majesté réside,
    Monta ce bruit injurieux.
Qui donc fut le témoin de sa gloire offensée ?
Lui seul ; il connaît tout, et sa vaste pensée
    Pénètre la terre et les cieux.

Diane arme son arc ; la flèche meurtrière
A vengé dans le sang l'outrage de son frère.
    Ses dards prodiguent le trépas ;
Le lac de Bébiade aux coups de la déesse
Roule des morts ; partout la flamme vengeresse
    S'allume en torrents sous ses pas.

Mais sitôt qu'au bûcher reposa la victime :
« Faut-il, dit Apollon, immoler par un crime
    » Celui qui n'est pas encor né ? »
Et la flamme s'écarte, à son ordre asservie,
Et des flancs de la mort un Dieu naît à la vie
    A guérir nos maux destiné.

Esculape grandit sous les lois du Centaure ;
Il connut ses secrets ; il sut combattre encore
    Des douleurs l'essaim meurtrier.
Il avait, pour charmer les mortelles misères,
Des philtres, des boissons, des baumes salutaires
    Et l'usage adroit de l'acier.

Tous deux ont succombé sous l'éternelle foudre,
Quand au jeune Hippolyte étendu sur la poudre
    Ils rendirent l'aspect des cieux.
La soif de l'or fléchit leur antique prudence ;
Insensés, devaient-ils défier la puissance
    Du maître souverain des Dieux ?

Faibles mortels, tremblons à ce terrible exemple,
Que notre âme attentive avec respect contemple
   Des Dieux l'auguste majesté.
Se connaître soi-même est toute la sagesse;
Gardons-nous d'élever notre humaine faiblesse
   Jusqu'à leur immortalité.

Ah! qu'au pouvoir des Dieux jamais mon cœur n'aspire!..
Si le fils d'Apollon vivait, si de ma lyre
   Il aimait les divins concerts,
Heureux, j'emprunterais sa science inspirée;
Puis, dirigeant mes pas vers la source sacrée
   D'Aréthuse aux flots toujours clairs,

J'irais, au roi chargé du sceptre héréditaire,
A celui qui verse au loin son ombre tutélaire,
   Apporter un double présent :
La fertile santé que la joie environne,
Et l'hymne pour tresser la nouvelle couronne
   Qui pare son front bienfaisant.

Car son coursier vainqueur a franchi la barrière;
Et son nom, proclamé dans la noble carrière,
   A retenti sous les remparts.
Oui, traversant les flots de la mer azurée,
D'un jour plus radieux qu'une étoile éthérée
   Je voudrais luire à ses regards.

Mais puisqu'il faut bannir un espoir téméraire,
Rhéa, mère des Dieux, ne me sois pas contraire ;
Pour lui j'entoure ton autel,
Quand des vierges, la nuit, une troupe voilée
Te célèbre avec Pan sous la voûte étoilée,
Auprès de mon seuil paternel.

Ecoute, ô roi, tu sais de la sagesse antique
Comprendre et recueillir l'oracle prophétique ;
Ecoute et raffermis ton cœur :
Quand un bienfait des Dieux à jouir nous convie,
Soudain deux maux cruels offusquant notre vie,
L'accablent de leur poids vainqueur.

Ne pourrais-tu du sort défier les injures ?
Le sage sait combattre et voiler ses blessures ;
Son front conserve sa fierté.
Tu règnes, Hiéron ; ta majesté suprême
Compense tes douleurs, et ton beau diadème
Rayonne de félicité.

Toujours de longs revers la fortune est mêlée ;
Vois les siècles passés, vois Cadmus, vois Pélée,
Le destin combla tous leurs vœux.
Les muses ont chanté leurs nobles hyménées,
Quand ces héros, formant des chaînes fortunées,
S'unirent aux filles des Dieux.

Les habitants des cieux devenus leurs convives,
Effaçant de leurs maux les traces fugitives,
　　Les couronnèrent de splendeur;
Mais, Cadmus, le malheur retomba sur ta race,
Lorsque la Sémélé vit confondre l'audace
　　De sa jeune et naïve ardeur.

Achille de Pélée est l'unique espérance;
Dans les flancs de Thétis il puise la naissance,
　　La gloire entoure son berceau;
Mais du fer de Pâris l'atteinte meurtrière
L'a frappé; tous les Grecs le pleurent, et son père
　　Traîne le deuil jusqu'au tombeau.

O mortels, du destin l'espérance est fragile,
Sa faveur passagère est un souffle mobile,
　　Ainsi que le souffle des vents.
Ne livre point ton cœur à sa fausse caresse;
Si les Dieux t'ont versé la coupe enchanteresse,
　　Oh! crains ses charmes décevants.

Que la fortune enfin me soit douce ou fatale,
Faudra-t-il, engageant une lutte inégale,
　　M'armer contre son bras vainqueur?
Heureux, je recevrais la faveur inconstante;
Mais le premier des biens, la gloire éblouissante,
　　Enchantera toujours mon cœur.

Nestor et Sarpédon, ces héros magnanimes,
Célébrés à jamais par des accords sublimes,
　　Possèdent le vaste avenir;
La vertu jusqu'aux cieux monte et plane immortelle,
Quand le chant de la muse, à la gloire fidèle,
　　Éternise son souvenir.

ODE IV.

A ARCÉSILAS DE CYRÈNE.

FONDATION DE CYRÈNE, ET HISTOIRE DE JASON.

Ce poëme est adressé à Arcésilas, roi de Cyrène en Afrique. Le poëte, après avoir fait mention de cette ville et de la victoire du prince, se transporte à l'origine de la colonie; il suppose que Médée explique aux Argonautes les plus anciens oracles relatifs à la fondation de Cyrène; elle dit comment un Dieu était apparu à Euphémus, l'un des chefs de l'expédition, et lui avait remis une glèbe, en lui assurant que sa postérité fonderait sur cette même terre une cité florissante. Une circonstance mystérieuse diffère jusqu'à la dix-septième génération l'accomplissement de cette prophétie; Médée prédit que Battus, roi de Théra, descendant d'Euphémus, sera l'heureux fondateur de Cyrène. — Puis vient le récit de l'expédition de Battus; Arcésilas descend de ce héros. Ici, sans transition réelle, et seulement parce que l'origine d'Arcésilas se rattache à ce récit, on voit, avec de beaux détails, l'histoire des Argonautes et de Jason. — Enfin le poëte, revenant à son héros, lui donne de sages conseils, et l'exhorte surtout à la clémence : il voulait obtenir la grâce d'un certain Démophile, citoyen de Cyrène, exilé de sa patrie pour avoir trempé dans une sédition contre Arcésilas. Cette ode, généralement épique, excède la longueur ordinaire des odes de Pindare. J'avais eu le dessein de la traduire en vers héroïques; mais j'ai adopté un rhythme qui conserve quelque chose du mouvement lyrique, lequel n'abandonne jamais Pindare, même lorsqu'il développe un récit.

Auprès d'Arcésilas vole, muse sacrée;
Le stade a répété son nom victorieux;
Réveille les accords de ma lyre inspirée,
Chante Delphes, Cyrène, et l'oracle des Dieux.

Au souffle d'Apollon la prêtresse soumise,
Solennelle, et parmi les aigles d'or assise,
Voulut que, désertant ses antiques remparts,
Sur un mont couronné des trésors qu'il enfante,
Battus fondât Cyrène aujourd'hui triomphante
     Au stade, à la course des chars;

Et qu'ainsi s'accomplît l'oracle séculaire
Que proclamait jadis la reine de Colchos,
Quand, du vaste avenir révélant le mystère,
Sur le fatal navire elle dit aux héros:
« Demi-dieux, écoutez, vous que la gloire entraîne;
» Un jour Théra, cette île antique et souveraine,
» Produira des guerriers qui, traversant la mer,
» Iront, portant au loin sa grandeur triomphale,
» Fonder une cité de vingt autres rivale,
     » Près du temple de Jupiter [1].

» O Théra, pour tes fils les couronnes sont prêtes;
» Ils changent leurs vaisseaux pour d'agiles coursiers,
» Et sur des chars ailés, prompts comme les tempêtes,
» Je les vois s'élancer et cueillir des lauriers.
» Triomphe! des cités sois la reine intrépide;
» Cet heureux jour luira; près du lac Tritonide,
» Euphémus en reçut le garant solennel,
» Lorsqu'un Dieu protecteur l'appelant sur la terre
» Révéla ses destins, quand l'éclat du tonnerre
     » Confirma le décret du ciel.

» Écoutez ce récit : notre nef inutile
» Douze jours nous suivit au milieu des déserts ;
» Enfin s'offrit à nous un rivage fertile,
» Et l'ancre aux dents d'airain descend au fond des mers[2].
» C'est là qu'errait le Dieu sur un bord solitaire ;
» Il nous voit et sourit ; la grâce hospitalière
» Abonde en ses discours, ses traits sont d'un mortel,
» Mais de ceux dont le cœur à la pitié docile
» Invite l'étranger à s'arrêter tranquille
      » Autour du banquet fraternel.

» Brûlant de rendre au port notre longue infortune,
» Du pilote incertain nous pressions le départ ;
» Eurypile est mon nom, je suis fils de Neptune,
» Disait le Dieu ; j'exige un moment de retard.
» Et soudain, recueillant une glèbe féconde,
» Il tend à notre chef, calme et penché sur l'onde,
» De l'hospitalité ce gage précieux.
» Euphémus aussitôt vers la rive s'élance,
» Presse la main divine, et frémit d'espérance
      » Devant le don mystérieux.

» Lorsque de nos guerriers j'exhortais la prudence
» A conserver ce prix de nos premiers complots,
» Un soir, hélas ! on vit la fatale semence
» Avant le jour prescrit se perdre au sein des flots.
» Heureux ! si, revenus aux remparts de Ténare,
» A la porte brûlante où s'ouvre le Tartare,

» Euphémus eût jeté ce talisman divin !
» On eût vu, seulement quatre races passées,
» De l'antique Théra les tribus empressées
    » Fixer en ce lieu leur destin,

» Alors que, s'exilant d'une terre adorée,
» L'Héraclide fuira les rivages d'Argos.
» Mais de cet avenir la gloire est différée
» Pour les rois qui naîtront des filles de Lemnos.
» Oui, quand une étrangère au joug de l'hyménée
» D'Euphème aura soumis la noble destinée,
» Dix—sept âges entiers passeront révolus
» Jusqu'à ce que Battus, roi d'un peuple qui l'aime,
» Recueille enfin des Dieux la volonté suprême
    » Au sanctuaire de Phébus.

» Et ce roi s'en ira vers ce lointain rivage
» Où règne Jupiter sous des climats brûlants,
» De l'avenir promis réclamant l'héritage,
» De Cyrène fonder les murs étincelants. »
Médée ainsi parla ; la phalange serrée,
Immobile, écoutait la prêtresse inspirée,
Et toujours se transmit cet oracle des cieux...
Tu naquis, ô Battus ; ta langue embarrassée,
Refusant de prêter des sons à la pensée,
    Tu voulus consulter les Dieux ;

Mais Delphes t'enseigna la haute destinée.

Alors, de la sibylle accomplissant les lois,
Tu partis, et bientôt ta race fortunée
Commença dans Cyrène une chaîne de rois.
Huit âges écoulés, Arcésilas s'avance;
Du sol de ses aïeux ce prince est l'espérance,
Ainsi que le printemps se couronne de fleurs;
Arcésilas, héros que la gloire environne,
Qui, des Amphyctions méritant la couronne,
  A guidé ses coursiers vainqueurs.

Muse, d'Arcésilas célèbre la victoire;
Mais des guerriers d'Argo chante aussi la grandeur;
Le berceau de Cyrène est paré de leur gloire,
Car ils ont de Cyrène enfanté la splendeur.
Apprends-moi d'où naquit cette illustre querelle;
Dis comment le destin de sa chaîne immortelle
Fixa sur l'avenir ses clous de diamant...
Un oracle oublié, désignant la victime,
Avait dit : « Pélias tombera par un crime
  » Dans un fatal enchantement.

» Un étranger viendra des montagnes lointaines,
» Un cothurne au pied droit sera son seul appui;
» Fils d'Éole, il viendra dans tes fertiles plaines;
» Iolcos, tes remparts s'ouvriront devant lui. »
La pythie, évoquant sa science profonde,
Avait ainsi parlé dans le centre du monde;
Le temps vit s'accomplir cet oracle vengeur.

Il parut ce guerrier : deux flèches redoutables,
Faisant luire leurs dards dans ses mains formidables,
   Répandaient au loin la terreur.

D'un fier Magnésien reproduisant l'image,
Sa tunique pressait ses membres orgueilleux ;
La peau d'un léopard, sa dépouille sauvage,
Écartait de son sein les torrents pluvieux.
Ses cheveux sur son front épandant leur ombrage,
Et qui jamais du fer n'avaient connu l'outrage,
Retombaient sur son dos en replis ondoyants.
Il marchait grand et fier dans la place publique,
Et le peuple, admirant sa stature héroïque,
   L'entourait de ses flots bruyants.

« Quel est-il ? demandait une foule étonnée.
» Ce n'est point Apollon, le plus charmant des Dieux ;
» Ce n'est point ton époux, aimable Dionée,
» Qui de son char d'airain remonte vers les cieux.
» Les fils d'Iphimédie, Ephialte et son frère,
» Arrêtant pour jamais leur course aventurière,
» Dans la riche Naxos ont vu leur dernier jour.
» Ce n'est point Tytius ; car Diane offensée,
» Frappant d'un fer mortel son audace insensée,
   » A puni son coupable amour. »

Mais Pélias, aux cris du peuple qui l'appelle,
S'avance sur son char ; il regarde, ô terreur !
                   7

Un seul cothurne... ô ciel! l'oracle se révèle;
C'est lui... Dissimulant le trouble de son cœur :
« Étranger, dit le roi, quelle est donc ta patrie,
» Dans quelle race antique as-tu puisé la vie?
» Dis quels bords t'ont vu naître et quels flancs t'ont porté.
» Parle, noble étranger; si ta race est divine,
» Parle, ne démens pas cette auguste origine
          » En trahissant la vérité. »

— « Peuple, écoutez, reprit Jason plein de prudence :
» Phylire et Chariclo, ces filles de Chiron,
» Ont prodigué leurs soins à mon adolescence,
» Et la honte jamais n'a fait rougir mon front.
» Mon quatrième lustre à peine vient de naître;
» J'ai quitté l'antre obscur du Centaure mon maître,
» Et viens dans le palais bâti par mes aïeux
» Réclamer devant vous le sceptre de mon père;
» Éole mon aïeul reçut ce don prospère
          » Des mains du souverain des Dieux.

» Pélias, se parant d'une gloire usurpée,
» D'un bonheur criminel recueille en paix le fruit;
» Mais le cruel a vu sa vengeance trompée,
» Lorsque de mon trépas s'est répandu le bruit.
» A peine j'entr'ouvrais mes naissantes paupières,
» Parmi les chants de deuil, les larmes mensongères,
» On célébra sur moi les pompes de la mort.
» Des langes d'or voilaient ma fatale existence,

» Et l'antre de Chiron accueillit mon enfance ;
    » Là mes périls eurent un port.

» Guidez mes pas errants au palais de mon père.
» Pourquoi vous arrêter par de plus longs discours ?
» Cette rive n'est point à mes yeux étrangère,
» Là ma vie incertaine a commencé son cours.
» Je suis Jason ; ainsi m'a nommé le Centaure. »
Il dit ; au toit d'Éson qui l'attendait encore
Il entre. Le vieillard a reconnu son fils ;
Ce cœur longtemps brisé de bonheur est avide,
Des larmes ont jailli de sa paupière humide ;
    Il contemple ses traits chéris.

Qu'il aime son air noble où la beauté préside !
Frères du vieil Éson, Phérès, Amithaon,
Abandonnant Messène et la source hypéride,
Sont venus saluer le retour de Jason ;
Leurs fils, Mélampe, Admète, ont partagé leur joie.
La grâce du héros à leurs yeux se déploie ;
Ses discours sont si doux, ses présents si flatteurs !
Dans le palais bruyant tout frémit d'allégresse ;
Cinq jours avec leurs nuits, dans une heureuse ivresse,
    Du plaisir ils cueillent les fleurs.

Alors à ses pensers rappelant sa grande âme,
Il agite en son cœur de menaçants projets ;

Ses parents attentifs en écoutent la trame,
Et tous avec ardeur s'élancent du palais.
Au seuil de Pélias la cohorte s'arrête.
Soudain, pour conjurer l'orage qui s'apprête,
Le monarque paraît aux regards du héros;
Celui-ci le regarde avec un front tranquille;
La rosée à flots purs de sa bouche distille
    Lorsqu'il fait entendre ces mots :

« Souvent l'homme ici-bas, en mensonges fertile,
» Foule aux pieds la justice avec la vérité;
» Il embrasse la fraude à ses desseins utile.
» O roi, soumettons-nous à l'austère équité,
» Ainsi d'un fil doré tramons la destinée.
» Tu le sais : Créthéus, son frère Salmonée
» De notre double race ont commencé le cours;
» Trois âges ont accru notre maison divine
» Depuis celui qui fut la commune origine,
    » O roi, d'où naquirent nos jours.

» Malheur si, quand l'amour doit réunir des frères,
» La haine a divisé des cœurs ambitieux !
» Non, les glaives sanglants, les flèches meurtrières
» Ne décideront point du droit de nos aïeux.
» Ces brebis, ces troupeaux, ces plaines usurpées
» Et qui du sang des miens jadis furent trempées,
» Je livre à tes désirs tant d'opulents trésors;

» Mais le trône royal, ce droit de ma naissance,
» D'où le fils de Créthus couvrait de sa puissance
   » Le peuple guerrier de ces bords,

» Rends-le-moi, Pélias, et qu'ainsi ta sagesse
» Ecarte le danger qui grossit l'avenir. »
Mais le roi, réprimant le courroux qui le presse :
« Ma volonté, dit-il, comblera ton désir ;
» Mais, tu le vois, du temps mon front subit l'outrage,
» La jeunesse en sa fleur brille sur ton visage,
» C'est à toi de calmer le cri sourd des enfers.
» De Phryxus immolé sur la terre étrangère
» L'ombre demande en vain le tombeau de son père ;
   » Pars, mon fils, traverse les mers,

» Dérobe dans Colchos cette toison dorée
» Qui sut tromper l'espoir d'une coupable ardeur.
» J'ai consulté des Dieux la volonté sacrée,
» Et l'oracle à ton bras réserve cet honneur.
» Pars, reviens, et vainqueur tu ceindras ta couronne ;
» A ce prix glorieux mon front te l'abandonne,
» Notre aïeul Jupiter a reçu mes serments. »
Il se tait, et déjà l'active renommée,
Par la voix des hérauts, dans la ville alarmée
   Prédit de grands événements.

Les deux fils de Léda, suivis du fils d'Alcmène,
Ces trois grands rejetons du puissant Jupiter ;

Euphème aux longs cheveux, le fort Périclymène,
Nobles enfants du Dieu qui gouverne la mer,
Sont venus, délaissant le lieu de leur naissance,
Saluer de Jason la future puissance.
Et toi, divin Orphée, heureux fils d'Apollon,
Orphée au luth vainqueur, père de l'harmonie,
A qui les doctes sœurs ont versé le génie
    Qui règne au fortuné vallon.

Le blond Mercure, armé du brillant caducée,
Envoya ses deux fils, Eurytus, Echion,
Des vallons enchanteurs qu'ombrage le Lycée.
Vous, Zéthès, Calaïs, tous deux fils d'Aquilon,
Portés comme les vents sur vos ailes légères,
Vous parûtes parmi ces phalanges guerrières.
Junon dans tous les cœurs verse un brûlant transport ;
Elle veut que, brisant les chaînes maternelles,
Ils aillent moissonner des palmes éternelles,
    Seule armure contre la mort.

Le vaisseau les reçoit ; déjà l'onde azurée
Sous des présages sûrs emporte les héros.
Jason, tenant en main une coupe dorée,
Paraît seul sur la poupe, et, regardant les flots,
Il invoque le Dieu qui gouverne le monde,
Et Neptune, et les vents et la plage profonde,
Le retour qui des maux chasse le souvenir.
La foudre répondit, et, déchirant la nue,

Un rayon bienfaiteur vint briller à sa vue,
   Doux augure de l'avenir

« Allons, braves amis, courbez-vous sur vos rames,
» Que l'espoir rayonnant se lève dans vos cœurs. »
Ainsi parle Mopsus, et, chassant leurs alarmes,
Il dévoile aux regards ces présages vainqueurs.
On lève l'ancre, on part ; la voile obéissante
Entraîne loin du port leur foule impatiente ;
La bouche de l'Euxin a reçu les héros.
Ils élèvent un temple au monarque des ondes,
E tconjurent le Dieu, dans ses grottes profondes,
   D'enchaîner le courroux des flots.

Puissent-ils échapper aux assauts redoutables
Des rochers enchantés qui flottent sur les mers !
Deux respiraient, roulant leurs masses effroyables
Plus vites que les vents qui tourmentent les airs ;
Mais Argo pour jamais les rendit immobiles.
Déjà roule et blanchit sous les rames agiles
Le Phase, de Colchos baignant l'heureux séjour ;
Là Vénus, qui se rit des blessures brûlantes,
Apporta cet oiseau dont les ailes changeantes
   Versent les fureurs de l'amour [2].

Entre les rayons d'or d'une fatale roue,
Vénus place en riant le philtre insidieux.

Médée au fils d'Eson s'enchaîne et se dévoue,
Et trahit sa pudeur et son père et les Dieux.
La fille d'Aétès, de son amour blessée,
Vers la Grèce a porté sa brûlante pensée.
Ses magiques secrets couronnèrent tes vœux,
Jason ; des sucs divins gardent ta destinée ;
Tu vaincras, et bientôt d'un coupable hyménée,
   Fuyant, tu formeras les nœuds.

Cependant Aétès, au centre de l'armée,
A placé la charrue au soc de diamant ;
Les taureaux vomissaient une source enflammée,
Et de leurs pieds d'airain creusaient le sol fumant.
Le roi seul peut dompter leur fureur inutile ;
Ils subissent son joug, et la glèbe docile
S'écartant sous le soc ouvre un vaste sillon.
« Jason, dit le monarque, achève mon ouvrage,
» L'immortelle toison d'or deviendra ton partage ;
   » Saisis le puissant aiguillon. »

Déjà, livrant son cœur au courroux qui l'enflamme,
Jason a déposé ses riches vêtements ;
Il invoque les Dieux et rappelle en son âme
Les leçons de Médée et ses enchantements.
Enchaînant des taureaux les cornes meurtrières,
Sous des liens épais il voile leurs paupières ;
Leurs flancs impétueux s'agitent sous ses coups.

Triomphe! il a franchi la barrière prescrite;
Aétès en frémit, et son cœur qui s'irrite
   Se consume en transports jaloux.

Mais de ses compagnons la foule l'environne;
Par des hymnes sacrés célébrant son grand cœur,
Ils moissonnent des fleurs et tressent sa couronne;
Ils veulent de leurs mains ceindre son front vainqueur.
Le roi lui montre alors cet antre inaccessible,
Où le vaillant Phryxus de son glaive terrible
Suspendit dans les airs le bélier brillant d'or.
Là, plus grand qu'un navire aux voiles blanchissantes,
Un dragon veille, ouvrant ses gueules dévorantes,
   Monstre qui jamais ne s'endort.

Mais où vais-je, imprudent, égarer ma pensée?
Arcésilas, du but s'est égaré mon char.
Sachez clore à propos la course commencée,
Poëtes; revenez par le seuil du départ.
L'adroit Jason tua le dragon homicide,
Enleva la toison; son amante perfide
Cimenta son triomphe au sein de Pélias.
Vainqueurs, tous revenaient aux foyers de leurs pères;
Les filles de Lemnos, épouses meurtrières,
   Les accueillirent dans leurs bras.

Enfin, Arcésilas, sur la rive étrangère,
Il se leva ce jour, objet de tant de vœux,

Où la race de rois commença sa carrière,
Où sa gloire au berceau jeta ses premiers feux.
D'abord tes grands aïeux, loin de Lacédémone,
Portent dans Callista leur errante couronne⁵;
Puis l'oracle sacré du puissant Jupiter,
Dieu protecteur, plaça dans leurs mains généreuses
Le sceptre de Cyrène et des villes heureuses
       Qui brillent aux bords du désert.

Toi, du fils de Laïus revêts l'intelligence;
Ecoute, Arcésilas : qu'un chêne aimé des cieux
Sous la hache frappé succombe sans défense,
Il gît au pied du mont qui le vit glorieux.
La sève s'est tarie et le chêne est stérile;
Mais il n'est point encore à son maître inutile;
Il porte ses tributs aux foyers paternels,
Ou, soutenant le toit d'un édifice antique,
Sur les colonnes d'or d'un somptueux portique
       Il protége encor les mortels.

Ecoute... aimé de Dieu et médecin habile,
Protégé d'Apollon qui garde les humains,
Guéris en la touchant la blessure docile,
Le mal n'échappe pas à tes prudentes mains.
Un léger souffle emporte une ville égarée;
Mais pour la rétablir sur sa base sacrée,
Il faut qu'un Dieu, vois-tu, soit le guide du roi.
De clémence et d'amour que ton front se couronne;

Et la grande Cyrène, en vénérant ton trône,
   Fleurira libre sous ta loi.

Confie à ton cœur pur le mot du grand Homère :
« La gloire ajoute encore à l'éclat des vertus ,
» Et la muse éternise un grand nom sur la terre. »
Démophile est connu des enfants de Battus ;
Au milieu des périls toujours jeune il s'élance ;
Dans les conseils des rois signalant sa prudence ,
Son front semble mûri d'un siècle d'équité.
Il fuit la calomnie, abhorre l'injustice ,
De vains égarements son cœur n'est point complice ;
   Il reconnaît la vérité.

Il aspire à rentrer dans la juste carrière ;
L'errante occasion s'échappe et n'a qu'un jour,
De la perfide il suit la course aventurière.
Hélas ! pour son exil n'est-il pas de retour ?
Et que lui servira sa science féconde
Si, comme Atlas qui seul porte le poids du monde ,
Il doit fuir à jamais le sol de ses aïeux ?
Jupiter délivra le titan indocile ;
Le pilote replie une voile inutile ,
   Quand le vent disparaît des cieux.

Ramène au sol natal sa course fugitive ;
Que désormais, tranquille à l'abri des revers ,
Aux banquets d'Apollon, jeune et brillant convive ,

Il s'asseye parmi les jeux et les concerts.

Que, tramant d'heureux jours une chaîne immortelle,

Ami de son pays, à son pays fidèle,

Il chante, Arcésilas, ta gloire et son vainqueur.

Dans Thèbes on a vu ses lèvres inspirées

     Puiser aux fontaines sacrées ;

L'hymne aux accents divins jaillira de son cœur.

(1) Jupiter Ammon.

(2) Voir Théocrite, 2e idylle, et Horace, 12e épode.

(3) Les enfants issus des Argonautes et des Lemniennes s'établirent à Lacédémone ; puis en ayant été chassés par des séditions,
Théra, roi de Sparte, les conduisit à l'île de Callista, à laquelle
il donna son nom. Plus tard, Cyrène, colonie de Théra, fut fondée
par Battus, aïeul d'Arcésilas.

ODE V.

A ARCESILAS DE CYRENE.

—◦—

LE BONHEUR VIENT DES DIEUX.

Dans cette ode, adressée au même Arcésilas de Cyrène, le poëte revient sur la louange de Battus, de Théra, de Cyrène, objets divers de ses longs entretiens dans l'ode précédente. Le caractère des digressions pindariques s'y trouve plus fortement prononcé; et il n'est pas toujours facile de les justifier ou d'en suivre la marche aventureuse. Un mot suscite un mot; ce mot donne l'éveil d'une idée; le poëte s'élance d'espace en espace, comme l'oiseau vole de branche en branche, jusqu'à ce qu'il revienne à la branche principale de l'arbre où il se joue. C'est dire que Pindare termine par l'éloge de son héros. Il règne dans cette ode un beau sentiment de soumission à la Providence, que nous avons exprimé par la pensée donnée comme l'idée mère du morceau.

———

Heureux Arcésilas, le monde est tributaire
Des biens que la vertu possède sur la terre.
Tu fais de la richesse un emploi généreux;
Un jour serein succède au souffle des tempêtes;
Castor aime la gloire, et pour ses nobles fêtes
    Tu répands ton or et tes vœux.

Le pouvoir vient du ciel; le diadème auguste
Brille de feux plus purs sur le front du roi juste.
Tu règnes, le destin t'a comblé de ses dons;
Le héraut dans le stade a proclamé ta gloire;
Et je veux que mes chants célèbrent ta victoire
　　　Dans les poétiques vallons.

Recueille ton bonheur, c'est Dieu qui le dispense;
Que l'honneur de tes biens remonte à sa clémence;
Que Cyrène surtout soit aimable à ton cœur.
Garde-toi d'oublier Carrhotus, dont l'adresse
A moissonné pour toi, sur les bords du Permesse,
　　　La palme, doux prix du vainqueur.

Ses coursiers douze fois ont tourné la barrière;
Il n'a point vu son char dans la vaste carrière
Se heurter et rouler en débris dispersé.
Au fond d'un bois sacré, près de l'antique image
Qui des archers crétois solennise l'ouvrage,
　　　Le char triomphal est placé.

Les Grâces, Carrhotus, embellissent ta gloire;
Regarde, que d'honneurs orneront ta victoire!
Un roi t'a couronné de ses dons précieux.
Vois s'élancer vers toi ta cité paternelle,
Ecoute... par nos chants ta mémoire éternelle
　　　S'élève et va toucher les cieux.

Tu peux sur tes travaux secouer la poussière,
Il est temps ; quel mortel a vécu sur la terre,
Et quel mortel vivra sans trouble passager ?
Battus même a souffert, rempart de sa patrie,
Ce roi dont l'œil divin sur sa ville chérie
     Veille et dissipe le danger.

Quand Battus descendit dans l'Afrique brûlante,
Les lions du désert, frémissants d'épouvante,
S'inclinaient et fuyaient au feu de ses regards.
Ils redoutaient le Dieu dont la voix souveraine
Avait dit aux héros : « Dans les champs de Cyrène
     » Allez élever vos remparts. »

C'est Phébus... il guérit la douleur qui déchire,
Il révèle aux mortels les trésors de la lyre,
Les cœurs sont suspendus aux accents de sa voix ;
Elle avait retenti dans l'enceinte sacrée,
Lorsque du grand Alcide une race adorée
     Dans Sparte vint porter des lois.

Et moi de mes héros je puis chanter la gloire ;
Sparte de leur séjour a gardé la mémoire,
D'où, voguant vers Théron suivant l'ordre des Dieux,
Nos Egides ont vu leur fête carnéenne [1]
S'établir avec eux dans les murs de Cyrène,
     Noble asile de nos aïeux.

Oh! qui ne chanterait la puissante Cyrène?
Loin de sa ville en feu, fuyant avec Hélène,
Le vaillant Anténor y reçut un autel;
Là ses Troyens, fixant leur course aventurière,
Ont béni la fortune et la grandeur guerrière
      De Battus, monarque immortel.

Battus... nom révéré, sur ses vaisseaux rapides
Il a conduit au port des guerriers intrépides;
Roi sage, il a planté de vastes bois sacrés.
A sa puissante voix des rochers s'aplanirent,
Et jusqu'au temple saint des chemins conduisirent,
      Longtemps de la foule ignorés.

C'est là que de ce roi la cendre tutélaire
A l'ombre des remparts repose solitaire;
L'amour public le veille au-delà du trépas,
Et, loin de la cité, les majestés royales
Tressaillent sous la poudre aux hymnes triomphales
      Qui célèbrent Agésilas.

Oui, de ce jeune roi la vertu respectée
Des doux sons de mon luth jaillissant humectée,
Ira charmer ces morts au fond de leur tombeau.
Chantez, jeunes héros, le Dieu de l'harmonie
Qui m'inspire ces vers, et qui de mon génie
      Ranime aujourd'hui le flambeau.

Le peuple, heureux, s'est dit : il est jeune, il est sage,
L'éloquence sacrée devancé son âge ;
Comme l'aigle divin qui plane au haut des cieux,
Son âme prend l'essor sur des ailes sublimes,
Il sait combattre et vaincre, et ses mains magnanimes
    Guident un char victorieux.

Autour de son berceau les Muses inspirées
Ont versé leurs trésors sur ses lèvres sacrées ;
Tout ce que la vertu conseille, il l'accomplit.
Dieux immortels ! donnez à ce roi la puissance ;
Pour ceux que vous aimez, d'une vaste espérance
    L'heureux avenir se remplit.

Que jamais, ô grands Dieux, l'orageuse tempête
Ne retombe en éclats et ne frappe sa tête !
C'est Jupiter qui règne et gouverne le sort ;
Au gré de ses décrets il dispense la gloire ;
Puisse, fils de Battus, d'une illustre victoire
    Ton front se couronner encor !

---

(1) Le poëte établit ici sa communauté d'origine avec Arcésilas.
Les Égides, compagnons de Battus, sont une famille de Thèbes ;
ils allèrent successivement avec ce roi ou ses descendants à Lacédémone, à Théra, à Cyrène, et portèrent avec eux les rites
d'Apollon, institués par Carnos, thébain.

ODE VI.

A XÉNOCRATE D'AGRIGENTE.

—◆◆◆—

ANTILOQUE ET LA PIÉTÉ FILIALE.

Cette ode contient d'abord un éloge d'Agrigente, ville de Sicile,
que le poëte décrit d'une manière poétique dans ses premiers
vers ; puis, saisissant un lien généalogique assez fortuit, il raconte l'histoire homérique du dévoûment filial du jeune Antiloque mourant pour le vieux Nestor son père, au moment où
celui-ci était attaqué par Memnon, roi des Éthyopiens. Ensuite,
par un tour heureux, Pindare applique cet exemple à la con-
duite de Thrasibule, fils de Xénocrate, dont il loue les vertus.

————

Écoutez, je parcours la fertile contrée,
A la belle Vénus, aux Grâces consacrée.
    Dans le centre de l'univers
Le temple d'Apollon lève un sublime faîte ;
Là, sous le bois sacré, la lyre du poëte
    Tressaille en immortels concerts.

Écoutez : Xénocrate, Emménide, Agrigente,
C'est vous qu'en traits de feu, vous que ma lyre chante ;
      Ma lyre a le souffle des Dieux,
Oh ! rien ne brisera sa vaste renommée,
Ni les feux, ni le fer, ni l'orageuse armée
      Des foudres roulant sous les cieux.

Oui, mes vers inspirés sur le front de ton père
Verseront les feux purs d'une clarté prospère ;
      Toi, sa jeune postérité,
Thrasibule, ton nom se pare de la gloire
Qu'il cueillit dans Crisa le jour que la victoire
      Proclama son nom redouté.

Noble enfant de celui qui règne sur ma lyre,
Tu gardes les secrets que le fils de Philyre
      Donnait à son fier nourrisson [1],
Lorsqu'à l'art des vertus instruisant sa jeunesse,
Sa voix lui révélait l'immortelle sagesse,
      Sur les sommets du Pélion.

« Des grands Dieux, disait-il, respectez la puissance ;
» Jupiter, soulevant la suprême balance,
      » Règne au sommet de l'univers.
» Un père après les Dieux mérite notre hommage ;
» Et, lorsqu'il est errant sur le fatal rivage,
      » Honorez son ombre aux enfers.

» Antiloque a connu cette vertu sacrée ;
» Il tomba sans douleur dans la plaine illustrée
    » Où succomba le grand Hector.
» Un jour, devant Memnon qui pressait le carnage,
» Trahi par ses coursiers, faible et courbé par l'âge,
    » Fuyait le valeureux Nestor.

» Antiloque aussitôt sur le glaive s'élance,
» Le glaive va frapper ; le vieillard sans défense
    » Vers le vainqueur étend les bras.
» Il crie... effort stérile, hélas ! son fils succombe,
» Et les âges passés ont honoré la tombe
    » Qu'éternise un si beau trépas. »

Qu'une telle vertu nous semble évanouie !
Thrasibule pourtant a dévoué sa vie
    A charmer l'auteur de ses jours.
O Neptune ! il triomphe à tes brillantes fêtes ;
Sage, et de la pensée animant ses conquêtes,
    Un miel pur coule en ses discours.

(1) Chiron et Achille.

ODE VII.

A MÉGACLÈS D'ATHÈNES.

——◦——

ATHÈNES.

Les trois strophes de cette pythique sont curieuses en ce qu'elles s'adressent à un vainqueur athénien. Ici je puis vous renvoyer à l'observation faite au discours préliminaire ; il est fâcheux que la gloire athénienne encore si récente n'ait pu inspirer que ce peu de vers, joints à un trait de la 1re pythique, au poëte thébain. Remarquez la pensée morale et mélancolique contenue dans la troisième strophe. Il est étonnant comme Pindare mêle presque toujours à l'entraînement de la gloire le sentiment de sa vanité.

———

Athènes dans le stade a cueilli la victoire ,
Des enfants d'Alcmaou rien n'égale la gloire ;
   Je veux lui consacrer mes vers.
Quelle cité puissante et quelle race antique
Comme Athène et ses fils d'un accent héroïque
   A retenti dans l'univers ?

La Grèce se souvient des enfants d'Erechtée ;
Apollon, dans Pytho par les Dieux habitée,
    Ils ont relevé ton autel.
Ils ont cueilli cinq prix dans la carrière isthmique,
Deux auprès de Crisa, puis la palme olympique.
    Que leur nom demeure immortel !

O Mégaclès, ta race en splendeur est fertile ;
Mais si quelque malheur sur ta tête immobile
    Descend et trouble ton destin,
Souviens-toi que les Dieux modèrent la puissance,
Et confondent l'orgueil, et trompent l'espérance
    D'un bonheur pur et sans déclin.

ODE VIII.

A ARISTOMÈNE D'ÉGINE.

LA VIE, RÊVE D'UNE OMBRE.

Cette pythique est une des plus belles odes de Pindare, et des plus remarquables par la sublimité morale des idées et des mouvements ; on peut la rapprocher de la 2e olympique et de la 2e pythique. Après un début, qui est l'apothéose de la Paix et de la Justice, le poëte, par une de ces digressions qui lui sont si familières, rappelle le double siége de Thèbes, Amphiaraüs et son fils Alcmaon, qui, d'accord avec Apollon, protége Thèbes, les jeux pythiques et le héros vainqueur. Alors le mouvement lyrique l'entraîne bien par-delà Thèbes, la Grèce, les héros et les demi-dieux. C'est Dieu qui donne la prospérité, qui tour à tour élève l'homme et l'abaisse. Remarquez que toutes les fois que nous écrivons cet ineffable singulier, Dieu, c'est aussi le singulier dans le texte grec, sans aucune dénomination mythologique. Et enfin, qu'est-ce que l'homme ? qu'est-ce que l'être et le non-être ? C'est le songe d'une ombre. Cette expression de Pindare est célèbre ; jamais en effet le néant de l'humanité n'avait été mis à nu d'une manière plus frappante que chez ce poëte ancien. Pour retrouver quelque chose de pareil, il faut les temps modernes et chrétiens ; il faut, après les livres sacrés, l'inspiration de Bossuet. Il était beau à ce chantre païen des victoires orgueilleuses et des triomphes sans vertu, de saisir le triomphateur resplendissant de sa gloire stérile, et de lui en montrer l'inévitable et éternel néant.

Salut, charme du cœur, ô Paix, douce immortelle,
Fille de l'équité, reine auguste des lois,
    Salut, toi dont la main fidèle

Tient les clefs des combats et des conseils des rois ;
  Aristomène aux jeux pythiques
  A déployé son noble cœur ;
O déesse, je vole aux sources poétiques,
Pour suspendre à ton char le laurier du vainqueur.

Tu calmes l'âme ardente et par ses maux brisée ;
Devant toi la fureur jalouse éteint ses feux ;
La force du pervers sous toi tombe épuisée,
Et l'ombre ensevelit son orgueil et ses vœux.
Le géant qui tomba sous les foudres célestes,
Vierge, Porphyrion ne te connut jamais ;
Car tu dis : « Écartez, mortels, des vœux funestes,
» Et du sort en silence attendez les bienfaits.

» L'insolent abattu voit ses rêves de fêtes
» Tôt ou tard s'engloutir dans la nuit du cercueil.
» Tel fut le fier Titan, ce Typhée aux cent têtes,
» Mourant, il a subi le destin de l'orgueil ;
» Sous les flèches du Dieu qui lance le tonnerre,
» L'enfer l'a vu tomber dans ses gouffres vengeurs. »
— Mais Phébus t'aime, ô toi, fils d'un généreux père,
Cher objet de mes chants, toi qui dans la carrière
  Du Parnasse as cueilli les fleurs.

Egine t'a vu naître : immortelle patrie,
Où des fils d'Æacus la mémoire est chérie ;
Les Grâces ont orné ses belliqueux remparts.

La justice y fleurit aux rayons de la gloire ;
Nourrice des héros, elle voit la victoire
Ceindre ses fils au stade et dans les jeux de Mars.

La gloire est le plus beau des trésors de la terre...
— Que ne puis-je chanter tout ce que je révère !
Mais je crains d'épuiser le tableau du bonheur.
Puis, chanter les héros est mon noble domaine ;
    Ma lyre, ô jeune Aristomène,
De ton dernier triomphe éternise l'honneur.

Tu n'as point effacé des traces magnanimes ;
Tes deux oncles ont pu sourire à tes lauriers.
Olympie et Corinthe, à leurs fêtes sublimes,
Ont reconnu dans toi le sang de ces guerriers.
    De la tribu des Mydilides
    Tu rends le destin glorieux,
Et les peuples diront, t'entourant de leurs vœux,
Comme Amphiaraüs aux Thébains intrépides,
Lorsqu'il prédit qu'un jour les rois victorieux
Reviendraient pour briser des remparts fratricides,
    Condamnés par les Dieux.

Il disait : « La valeur est un divin modèle
» Qu'un noble fils recueille ainsi qu'un noble prix.
» Tel Alcmaon s'élance, à ma gloire fidèle ;
» Sous son bouclier d'or le dragon étincelle ;
» Et terrible, Alcmaon vole en poussant des cris.

» Adraste, ramenant sa fortune égarée,

» De Thèbes brisera les sept portes d'airain ;

» Et, recueillant d'un fils la dépouille sacrée,

» Il reviendra vainqueur, et sa main assurée

» Étendra sur Argos un sceptre souverain. »

Ainsi du fier devin retentissait l'oracle,

De son fils Alcmaon présageant les travaux :

Alcmaon, notre appui, qui, brisant tout obstacle,

De mes remparts thébains écarte au loin les maux.

    Divin Alcmaon, mon silence

      Sur ton nom serait criminel ;

Reçois l'hymne sacré qui de mon luth s'élance,

Et les fleurs, doux tribut de ma reconnaissance,

    Dont je veux parer ton autel.

Et toi, Dieu de Pytho, toi qui dans la vallée

(Où de ton temple saint la majesté voilée

A l'ombre du Parnasse élève sa splendeur),

As d'un jeune héros fait triompher l'ardeur,

    Oh ! par toi son front jeune encore,

    Aux feux de la naissante aurore,

Dans Égine a paru ceint de sept prix divers.

Souris, ô Dieu du jour, à ma lyre inspirée,

Regarde... à la vertu j'ai consacré mes vers ;

Et la fille du ciel, la Justice adorée,

Debout, prête l'oreille à mes divins concerts.

Le bonheur vient du ciel, pour toi je le convie,
Mon héros ; qu'un mortel ait dans sa courte vie
    Du bonheur cueilli le trésor,
    Le peuple insensé qui l'envie
Se dit : « Il fut lui seul arbitre de son sort ;
» Sage, il a moissonné la richesse fertile,
» Prudent, il est entré sans effort et tranquille
    » Dans la sécurité du port. »

Oh ! ne le croyez pas ; la mortelle prudence,
Stérile, se consume en efforts impuissants.
Dieu seul est souverain, c'est lui seul qui dispense
Et les biens et les maux sous sa main renaissants.
C'est lui qui fait tomber l'orgueilleux de sa gloire ;
    C'est lui qui donne la victoire
    Aux chefs choisis par son amour...
Mégare et Marathon ont gardé ta mémoire,
Aristomène ; ainsi de ton natal séjour,
    Tu parais, Delphes te couronne,
    Et la palme qui l'environne
Quatre fois se rallume aux feux d'un nouveau jour.

Quatre fois les rivaux, fuyant dans la carrière,
D'une amère défaite ont ressenti l'affront ;
Aucun d'eux n'a pu voir en guirlande légère
L'orge consolateur s'incliner sur son front.
    Auprès d'une mère alarmée,
    Tristes et trompant son amour,

Ils n'ont pas, d'une âme charmée,
Donné la joie accoutumée
Et le sourire du retour.
Mais, dans la ville en deuil secouant la poussière,
On les a vus, traînant leurs pas désenchantés,
Craindre d'un ennemi l'atteinte meurtrière,
Et leurs regards dans l'ombre erraient épouvantés.

Celui qui du bonheur a senti l'espérance
De ses rayons dorés ceindre son front mortel,
Dédaignant des trésors la facile abondance,
Élève son nom jusqu'au ciel.
Mais hélas! des humains la joie est mensongère;
Elle naît, croît et meurt. O fragile destin!
Le plaisir laisse à peine une trace légère,
Le cœur se lasse et change, et le rire s'éteint.

Nous ne vivons qu'un jour, un jour furtif et sombre;
La vie est un éclair entre être et n'être pas;
C'est l'éclair du néant, c'est le rêve d'une ombre,
C'est le seuil du trépas.

Si pourtant Jupiter, dans cette courte vie,
Sur le front d'un mortel répand son rayon d'or,
Au doux espoir qui le convie
Le front de ce mortel brille et s'éclaire encor.

Jupiter, et toi nymphe auguste, dont Égine

A reçu le doux nom ;
Vous, dont cette cité fut l'antique origine,
Vous, Æaque, Pélée, Achille et Télamon,
O demi-dieux, donnez à votre île chérie
La gloire et la prospérité ;
Qu'elle soit à jamais l'équitable patrie
D'une immuable liberté.

ODE IX.

A TÉLÉSICRATE DE CYRÈNE.

FABLE DE LA NYMPHE CYRÈNE.

Encore une ode à un habitant de Cyrène, de la patrie de Battus et d'Arcésilas. Celle-ci est presque toute mythologique ; le poëte expose l'histoire du pays de Cyrène, avant la fondation de la ville qui en fut plus tard la métropole. On y voit comment cette nymphe, ayant été enlevée par le dieu du jour du sein des forêts et des vallées du Pélion qu'elle habitait, vint régner sur la riche contrée africaine qui porta son nom. C'est un récit gracieux et animé, dans le genre que fit fleurir plus tard l'auteur des Métamorphoses. Il faut y remarquer une strophe où la puissance divine est idéalisée dans la personne d'Apollon. Après l'histoire de Cyrène, le poëte rappelle Amphytrion, Hercule, le vainqueur Télésicrate dont il peint le triomphe avec des traits presque chevaleresques, et enfin son aïeul Alexidème, obtenant la fille d'Antée, à la suite d'un combat pareil à celui qui avait autrefois fait tomber Hyppodamie aux mains de Pélops.

Au gré du souffle qui l'entraîne,
Ma nef retourne sur les flots ;
Je veux célébrer, ô Cyrène,
Le plus puissant de tes héros.

Cyrène, nymphe printanière,
Apollon, dieu de la lumière,
T'enleva sur son char d'azur,
Et voulut, calmant tes alarmes,
Élever un trône à tes charmes
Dans un séjour fertile et pur.

Soudain la blonde Cythérée
A touché le char gracieux ;
Sa main dans leur âme égarée
Verse un trouble mystérieux.
Elle veut qu'un chaste hyménée
Joigne la vierge fortunée
Au roi du jour éblouissant ;
Née aux alentours du Parnasse,
Les premiers auteurs de sa race
Etaient la Terre et l'Océan.

Son père autour de ses montagnes
Vit s'épanouir sa beauté ;
Les jeux des nymphes ses compagnes
Pour elle étaient sans volupté.
De blancs agneaux douce bergère,
Ou chasseresse bocagère,
Elle errait sous les libres cieux ;
La nuit elle veillait encore,
A peine, au retour de l'aurore,
Morphée endormait ses beaux yeux.

Un jour, poursuivant sa carrière,
Phébus la vit, seule et sans traits,
Dompter la force meurtrière
D'un lion, terreur des forêts.
« Chiron, dit le Dieu, qu'elle est belle !
»Regarde quelle ardeur nouvelle
» S'allume en son sein virginal.
» Raconte-moi son origine ;
» De quelle immortelle racine
» Est né ce rameau triomphal ?

» Au gré du transport qui m'enflamme,
» Faut-il, précipitant mes pas,
» A sa vie enchaîner mon âme,
» Et me l'unir jusqu'au trépas ? »
Avec un indulgent sourire,
Le fils auguste de Phylire
Répond : « Eh quoi ! flambeau des cieux,
» Ne faut-il pas que le mystère,
» Couvre d'une ombre solitaire
» Les amours des rois et des Dieux.

» Ton âme par l'amour blessée
» S'enveloppe de vains détours ;
» Tout est présent à ta pensée,
» Tu vois les lieux, tu sais les jours.
» Tu vois l'innombrable feuillage,
» Et tous les sables du rivage,

» Et l'avenir de l'avenir.

» Tout luit à ton intelligence...

» Pour t'obéir, de ma science

» J'invoquerai le souvenir.

» Dans cette riante vallée

» Sois son époux ; puis sur la mer

» Conduis cette nymphe exilée

» Dans les jardins de Jupiter.

» Là, sur une fertile plaine,

» D'un peuple puissant souveraine,

» Elle étendra ses douces lois ;

» Et, dans une cité nouvelle,

» La Lybie heureuse et fidèle

» La saluera mère des rois.

» Un fils lui naîtra sur la rive :

» Assises sur leurs trônes d'or,

» Les Heures, la Terre attentive,

» Élèveront ce doux trésor.

» Sur leurs genoux sera sa couche ;

» Elles verseront dans sa bouche

» Le nectar d'immortalité ;

» Pasteur et chasseur intrépide,

» Il descendra d'un vol rapide

» Dans la vaste postérité [1]. »

Il dit : de la nymphe craintive

Apollon triomphe, et soudain,
Ce jour, la lybienne rive
Vit s'allumer ce grand hymen ;
De ton pays noble origine,
O héros, ta valeur divine
A rendu son nom glorieux.
De la beauté douce patrie,
Cyrène, ta cité chérie
S'ouvre à son roi victorieux.

Heureux qui sait d'un trait rapide
Louer le mérite éclatant !
Plus heureux qui, de gloire avide,
Pour triompher saisit l'instant !
Tel, pour immoler Eurystée,
Iolaüs, ta vie enchantée
Renaît et meurt le même jour.
Puis tu vas dans l'ombre funèbre
Joindre le monarque célèbre
Qui de Thèbe aime le séjour [2].

D'Amphytrion la jeune épouse
Donna le jour à deux héros ;
Mais la reine des Dieux jalouse
Leur suscita mille travaux.
Chantez Hercule votre maître,
Chantez les bords qui l'ont vu naître ;
Pour lui mes vers retentiront.

O roi, sur tes pas je m'égare ;
Je dirai les prix dont Mégare,
Dont Égine ont couvert ton front.

Ta vertu confond le silence
De l'envie aux pensers amers ;
Tu remplis l'antique sentence
Du Dieu qui règne sur les mers.
« Mortels, disait le vieux Nérée,
» Que la vertu soit honorée
» Dans celui dont on hait les jours. »
A tous les yeux reluit la gloire
Que dans nos fêtes la Victoire
Pour ton front moissonna toujours.

Quand tu parais le bonheur brille ;
La mère pour toi fait des vœux,
En rougissant la jeune fille
Pour époux te demande aux Dieux.
Cédant au souffle qui m'inspire,
Il faut que, réveillant ma lyre,
Je chante tes nobles aïeux :
La charmante fille d'Antée
Qui vit une cour enchantée
De rois, brûlant des plus doux feux.

Pour rehausser sa race antique,
Antée appela les héros

Dans une lice pacifique ;
Comme autrefois le roi d'Argos,
Danaüs, ouvrant la barrière,
Avait dit : « Voici la carrière,
» Volez, rivaux, que le vainqueur,
» Pour prix de sa course rapide,
» Épouse la vierge timide
» Dont l'image vit dans son cœur. »

Dans le stade alors la princesse
Fit flotter un beau voile d'or.
Gloire au mortel dont la vitesse
Atteindrait cet heureux trésor !
Mais ton aïeul Alexidême,
Vainqueur, avec ce bien suprême
Revit son fortuné séjour ;
Et les peuples l'environnèrent
Et d'ombrages le couronnèrent,
Chantant son glorieux retour.

(1) Son nom était Aristée.

(2) Amphytrion est l'aïeul paternel d'Iolaüs. Le nom de ce héros sert de transition purement verbale au détail qui suit. Pour ce qui concerne le fait ici en question, voir les Dictionnaires mythologiques.

ODE X.

A HIPPOCLÈS, THESSALIEN.

PERSÉE ET LE PEUPLE HYPERBORÉEN.

Le poëte célèbre la Thessalie, gouvernée par un descendant d'Hercule; après la Thessalie, le vainqueur et son père Phricias. Ici, l'inévitable digression. Hippoclès et son père ont conduit leur navire jusqu'aux dernières limites de la félicité, mais non jusque chez les peuples hyperboréens; car personne n'est allé jusque-là, excepté le fils de Danaé, Persée, qui alla sur ces bords inaccessibles combattre et tuer la Gorgone. Dans la première strophe, remarquez les accès d'incrédulité du poëte vis-à-vis des traditions mythologiques; revoir à cet égard la première olympique. Mais Pindare respecte la religion du pays, il s'y résigne sans la croire; de là sa haute spiritualité monothéiste, dont nous admirons si souvent la vive empreinte chez ce poëte ancien.

Écoute, Thessalie, et toi, Lacédémone,
Où la race d'Hercule élève un double trône,
    Un rapide transport
S'empare de mon cœur; Delphes et Pélinée
M'invitent à chanter la course fortunée
    D'un héros jusqu'au port.

Hippoclès a vaincu dans le stade pythique :
Les juges assemblés ont, à l'autel delphique,
    Ceint son front glorieux.
Phébus ! tu l'as couvert de ta force sublime ;
Triomphe ! il a suivi la trace magnanime
    D'un père aimé des cieux.

Car Phricias, couvert d'une armure guerrière,
Deux fois parmi les flots d'une illustre poussière
    Avait paru vainqueur ;
Qu'à jamais le destin au bonheur les convie !
Que Plutus au front d'or répande sur leur vie
    Son charme séducteur !

Qu'ils aillent moissonner des palmes dans la Grèce :
Que Dieu veuille affermir la chaîne enchanteresse
    De leur prospérité !
Il est heureux, il vit respecté d'âge en âge,
Celui qui dans le stade obtient par son courage
    Le laurier mérité.

Plus heureux lorsqu'un fils triomphe jeune encore,
Et par un prix sacré signale son aurore
    Au stade, seuil de Mars.
Sans doute il n'atteint pas le céleste Empyrée,
Puisqu'aux faibles mortels le ciel défend l'entrée
    De ses divins remparts ;

Mais que lui manque-t-il sur la terre où nous sommes?
Interrogez le sort, cherchez parmi les hommes
    Un bonheur plus certain :
Vous trouveriez plutôt les routes ignorées
Qui mènent, par-delà les monts hyperborées,
    Vers le pays lointain

Où Persée arrêta sa fortune égarée,
Et vit cent ânes lourds, hécatombe sacrée,
    Ensanglanter l'autel.
Apollon, attentif à ces pompes sanglantes,
Voyait en souriant ces victimes tremblantes
    Sous le couteau mortel.

Peuple saint, il triomphe et la muse l'inspire ;
Il sait dans les banquets associer la lyre
    A l'hymne virginal ;
Il couronne son front de guirlandes légères,
Seul il n'a pas reçu des mortelles misères
    L'héritage fatal.

Le labeur, les combats, la tardive vieillesse,
Némésis aiguisant sa fureur vengeresse,
    Ne les profanent pas ;
Persée au milieu d'eux parut, et la Gorgone,
Agitant sous sa main sa sifflante couronne,
    Prodigua le trépas.

Séripho disparut sous l'image mortelle.....
Sans mesurer des Dieux la puissance éternelle,
  J'adore leurs décrets.
Mais, où vas-tu, poëte? En ta course égarée
Arrête l'aviron; jette l'ancre acérée,
  Crains les écueils secrets.

Mais quoi! ne faut-il pas que l'imprudent poëte
Porte de fleurs en fleurs son ardeur indiscrète,
  Son vol audacieux?
Il fait comme l'abeille en nos jardins éclose,
Qui plonge au sein des fleurs, et s'envole et compose
  Un miel délicieux.

Grâce aux chants du poëte, aux rives du Pénée,
La gloire d'Hippoclès, de splendeur couronnée,
  Montera jusqu'aux cieux.
Jeunes hommes, vieillards, et vous, vierges d'Éphyre,
Répétez, répétez les accents que m'inspire
  Son nom victorieux.

De mille ardents désirs tous les cœurs sont la proie;
Favoris du destin, recueillez votre joie,
  Hâtez-vous, jouissez.
Le cours du temps à peine engloutit une année,
Les rayons du bonheur à la vue étonnée
  Déjà sont éclipsés.

De la douce amitié noble et parfait modèle,
Je viens à toi, Thorax, ô mon hôte fidèle ;
    Au fortuné vallon,
Cet hymne, pour te plaire, a jailli de mon âme,
Et tu dresses pour moi le char au vol de flamme
    Des filles d'Apollon.

L'or s'éprouve au creuset, et l'homme par sa vie ;
Des frères de Thorax la vertu me convie
    A dire leurs exploits ;
Par eux on voit fleurir leur chère Thessalie :
Heureux le prince, heureux le peuple qui se plie
    Au joug des saintes lois !

ODE XI.

A THRASIDÉE, A THÈBES.

SOUVENIR DES ATRIDES.

Le sujet intérieur de cette ode est purement poétique; Thrasidée
est Thébain; sa victoire est donc une fête pour la patrie de
Pindare. Le poëte invite les anciennes héroïnes de Thèbes à
prendre part au triomphe de ce concitoyen; à l'aide de la transition la plus fortuite, il se prend à rappeler, en belles strophes
lyriques, les malheurs et les crimes de la famille d'Atrée, Agamemnon, Clytemnestre, Oreste. Puis, selon son usage, il
reconnaît qu'il s'égare, revient à son héros, et exprime de nobles idées morales sur les douceurs de la médiocrité et sur les
dangers de l'ambition.

Filles de nos aïeux, Ina, Sémélé, Alcmène,
Montez au temple assis sur le coteau d'Ismène,
  Où sont les trépieds d'or,
Où se plaît Apollon que l'avenir éclaire,
Où toujours s'amoncelle au fond du sanctuaire
  L'invisible trésor.

Là de la vérité s'entend la voix sacrée ;
Compagnes d'Apollon, nymphes de la contrée,
    Formez des chœurs amis ;
Le soir allez chanter Delphes, centre du monde,
Du stade pythien la poussière féconde
    Et l'auguste Thémis.

De l'un de tes héros, grande Thèbes, sois fière ;
Thrasidée a cueilli dans la noble carrière
    Un troisième laurier ;
Déjà, de ses aïeux consacrant la mémoire,
Deux palmes attestaient une double victoire
    A l'antique foyer.

Il est vainqueur aux lieux où, compagnon d'Oreste,
Dont il accompagna l'égarement funeste,
    Pylade eut son berceau ;
Oreste, nom fatal, mémoire infortunée !
Qui traîna du malheur, dans la Grèce étonnée,
    L'inévitable sceau.

Lorsque d'Agamemnon l'épouse sacrilége
Eut jeté son époux palpitant sous le piége
    Dans la nuit du tombeau,
L'âme d'Oreste enfant au poignard fut ravie,
Sa nourrice en prit soin, et de sa jeune vie
    Conserva le flambeau.

Clytemnestre voulait peut-être par ce crime
Venger Iphigénie, innocente victime
     Du couteau paternel ;
Plutôt elle voulait, cette épouse adultère,
Justifier aux yeux le funeste mystère
     D'un hymen criminel.

Dans ses brillants palais, honte à la jeune épouse
Qui foule son devoir, et qui n'est plus jalouse
     Des lois de la pudeur !
L'humble toit est exempt des langues envieuses ;
La médisance empreint de ses taches haineuses
     Le front de la grandeur.

Clytemnestre subit ses pointes acérées :
Elle espéra, brisant les bornes révérées,
     Étouffer ses remords ;
Et bientôt, lorsque Troie expira sous la cendre,
On vit le roi des rois et la jeune Cassandre
     S'avancer chez les morts.

Puis Oreste, conduit au pied du mont Parnasse,
Chez le vieux Strophius évita la menace
     D'un couple usurpateur.
Plus tard il accourut, et dans l'ombre éternelle,
Terrible, il fit tomber l'épouse criminelle
     Avec le séducteur.

Mais où vais-je égarer ma course passagère ?
Muse, pourquoi vas-tu, vagabonde et légère,
  Par des chemins divers ?
Comme une barque au gré du vent qui la délie,
En sinueux détours se promenant, oublie
  Sa route sur les mers.

Si ta lyre reçut un généreux salaire,
O Muse, à mes héros tu dois songer à plaire ;
  Ces favoris de Mars,
Dans l'Elide déjà, Thrasidée et son père
Ont cueilli l'olivier, gage antique et prospère,
  A la course des chars.

Puis à Delphes voilà que mon héros rayonne ;
Coureur aux pieds légers, il ravit la couronne
  Aux yeux des Grecs jaloux.
Il est beau de cueillir une noble victoire !
Oh ! puissé-je aussi moi, poëte, sous ma gloire
  Rayonner comme vous !

Les trésors ne font pas la beauté de la vie ;
La fortune des rois meurt, trop souvent ravie,
  Devant l'adversité.
Que j'aime un bonheur simple et qui fleurisse à l'ombre !
Et l'envieux encor jettera son œil sombre
  Sur ma tranquillité.

Celui qui coule en paix des jours libres de haine,
Il est heureux; et quand le cours du temps l'entraîne
    Au funèbre séjour,
Heureux encore, il meurt; son modeste héritage
Passe avec ses vertus, ces fruits mûrs du vieil âge,
    Aux fils de son amour.

Ainsi d'Iolaüs la mémoire adorée
Dans nos hymnes toujours demeure consacrée ;
    Ainsi ces fils des Dieux,
Castor avec Pollux, virent leur destinée,
Par un cercle éternel, un jour dans Thérapnée,
    Un autre dans les cieux.

ODE XII.

A MIDAS D'AGRIGENTE.

INVENTION DE LA FLUTE.

Pindare célèbre dans cette ode un certain Midas d'Agrigente, musicien qui avait triomphé au combat de la flûte. Le poète décrit cet instrument, et raconte son origine qu'il rapporte à l'histoire du combat de Persée contre Méduse qu'il immola. C'est Minerve qui a imaginé de faire imiter par les sons retentissants de la flûte les affreux sifflements de la Gorgone mourante. Toujours des idées morales sur la fin de l'ode ; ici, il paraîtrait, selon le scholiaste, qu'un fait assez insignifiant par lui-même aurait donné lieu au trait final de cette ode sur l'instabilité des choses humaines.

Agrigente, salut, des cités la plus belle,
Toi qui de Proserpine es l'asile fidèle,
Des vertus et des arts noble et brillant séjour !
De tes blanches maisons la chaîne au loin s'incline
      Sur la verte colline
Où serpente ton fleuve aux feux dorés du jour.

Des hommes et des Dieux la faveur t'environne ;
O reine, reçois donc la nouvelle couronne
Que je t'offre aujourd'hui pour l'habile Midas.
Qui touche comme lui la flûte enchanteresse,
  Cet art que dans la Grèce
Vint répandre jadis la divine Pallas ?

Lorsque Persée, enfant d'une beauté volage,
Né de l'or immortel échappé du nuage,
Tout jeune signalant son bras victorieux,
Des filles de Phorcus eut étouffé la vie ;
  Trop longtemps asservie,
Sa mère alors put fuir un hymen odieux.

Polydecte expirant sous le glaive céleste
Du fils de Jupiter maudit le don funeste.
La tête de Méduse, aux regards insultants,
Terrible, répandait la mort à l'entour d'elle ;
  Sériphe, île infidèle,
Vit tomber dans ses murs ses pâles habitants.

Cependant, quand Persée eut de ses mains sanglantes
Au front jadis si beau des Gorgones tremblantes
Fait descendre la mort avec d'affreux tourments,
Soudain Pallas, voyant les funestes reptiles
  En fureurs inutiles
S'agiter, et pousser d'horribles sifflements ;

Pallas, qui du héros secondait la victoire,
Voulut en prolonger la vivante mémoire,
Et de Méduse morte éterniser les pleurs.
Alors elle inventa la flûte obéissante,
   Dont la bouche éclatante
Semble pousser des cris et se fondre en douleurs.

C'est ainsi que Pallas, déesse redoutable,
Aux humains voulut faire un présent délectable.
La flûte est écoutée à l'ombre des autels;
Elle est l'ardent signal des luttes meurtrières
   Et des marches guerrières;
Elle règle la danse et les chants immortels.

Près d'une ville au bord du Céphise placée ¹
Croissent les longs roseaux dont la flûte est tressée.
Le souffle se module en traversant l'airain ² ;
Car l'heureux habitant de ces belles contrées
   Pour ses fêtes sacrées
Appelle aussi des chœurs l'instrument souverain.

Si Dieu même a promis, par un obscur mystère,
D'accorder à quelqu'un le bonheur sur la terre,
Oh! n'espérez jamais l'obtenir sans effort.
Nul mortel ici-bas ne fait sa destinée;
   Ou pauvre ou fortunée,
Notre vie est en proie aux caprices du sort.

Souvent, quand du bonheur nos mains touchent la cime,
La fortune aussitôt nous plonge dans l'abîme.
Mais sa roue est mobile et tourne avant le soir ;
La changeante qu'elle est, nous trompe et nous étonne
       Par les biens qu'elle donne,
Et par ceux dont l'absence a trahi notre espoir.

(1) Orchomène.

(2) Une anche de sa flûte s'étant brisée, Midas ne se déconcerta pas, et il se fit couronner, bien que le son ne passât que par les roseaux, sans être modifié par les tuyaux d'airain.

FIN DES ODES DE PINDARE.

TABLE DES MATIÈRES.

PYTHIQUES.

FIN DE LA TABLE.

—

ERRATA.

Page 28, les œuvres, ta pensée; *lises* les vœux et ta pensée.

— 100, à celui qui; *lises* à lui qui.

CHANTS

DE TYRTÉE.

Lorsque j'ai formé la première idée de traduire les odes de Pindare, j'avais déjà traduit les Chants de Tyrtée. Il y a de l'analogie entre ces poëtes ; le premier est bien supérieur par le génie et par l'essor de la pensée, mais le poëte athénien a l'avantage de célébrer de vrais triomphes, une gloire réelle, et d'obéir à un enthousiasme dont l'objet n'était point factice comme les triomphes du stade.

I.

Tomber en combattant au premier rang des braves,
Mourir pour son pays, est-il un sort plus beau ?
Le lâche, se courbant sous d'indignes entraves,
    S'exile loin de son berceau.

Il quitte en soupirant ses campagnes fertiles,
Les murs de la cité ne le reverront plus ;
Au pain de l'étranger il tend des mains serviles,
    Errant sous des cieux inconnus.

1

Son vieux père le suit ; sa mère vénérable,
Et son fils sur le sein d'une épouse allaité.
Tous les cœurs sont d'airain, nulle main secourable
    Ne s'ouvre à son adversité.

Sur ses traits avilis sa honte est retracée ;
Opprobre de sa race, il fuit, et sur ses pas
La pitié du mépris, la misère glacée
    L'accompagnent jusqu'au trépas.

Combattons et mourons pour la terre sacrée,
Pour nos fils ; de la vie oublions les attraits.
Guerriers, serrez vos rangs ; que la crainte abhorrée
    De vos cœurs n'approche jamais.

Que dans vos nobles cœurs s'allume un grand courage !
Combattez, combattez, n'épargnez pas vos jours ;
Abandonnerez-vous, en fuyant le carnage,
    Vos vieillards en proie aux vautours ?

Le voilà ce vieillard étendu sur le sable !
Sous les yeux des guerriers il tombe au premier rang,
Et ses cheveux blanchis, sa barbe vénérable
    Sont souillés de poudre et de sang.

Il imprime au guerrier une tache brûlante,
Le dévoue à la honte, au repentir vengeur ;
Voilant avec effort sa nudité sanglante,
    Dans la plaine il gît sans honneur.

Le jeune combattant à la fleur de son âge
Triomphe ou meurt ; son sort est toujours glorieux,
Tandis que la jeunesse, animant son courage,
　　Lui verse ses dons précieux.

Admiré des héros, la beauté le couronne
Lorsque dans ses foyers il revient noble et grand ;
Heureux, quand le trépas de sa nuit l'environne,
　　Il tombe et meurt au premier rang.

II.

Aux triomphes de Mars ma lyre est consacrée.
A la lutte, à la course en vain victorieux,
Vous aurez triomphé du puissant Briarée,
Ou devancé des vents le vol impétueux ;

Eussiez-vous de Tithon la beauté sans rivale,
De Cinyre ou Midas les fastueux trésors,
Du trône de Pélops la splendeur triomphale,
L'éloquence d'Adraste et ses divins accords ;

Moi, je ne chanterai que la gloire du brave :
C'est celui qui, tranquille à l'aspect des combats,
Parmi les rangs pressés des escadrons qu'il brave
S'élance, et sans pâlir prodigue le trépas.

Telle est de la valeur l'éblouissante image,
Et tel au premier rang brille un jeune guerrier,
Quand debout, immobile, il presse le carnage,
Quand son glaive vengeur protége un peuple entier.

Il n'ouvre pas son âme à d'indignes alarmes;
La fuite..... non, la mort! C'est là qu'il veut courir;
Et son dernier regard vers son compagnon d'armes
Se tourne, il l'encourage à combattre, à mourir.

Terrible, et sur ses pas semant les funérailles,
Naguère il dissipait les escadrons épars;
Et maintenant, frappé dans le feu des batailles,
Il couvre de splendeur son père et ses remparts.

Il est tombé, mais fier, mais couché sur ses armes;
Le fer a pénétré l'orbe du bouclier.
Jeunes hommes, vieillards tous répandent des larmes,
Le deuil de la cité consacre le guerrier.

Honneur aux rejetons du héros qui succombe!
Le peuple les adopte au tombeau paternel;
Son nom ne périt pas consumé par la tombe,
Des ombres du trépas il s'élance immortel.

Oui, son nom glorieux grandira d'âge en âge;
Lorsqu'il défend ses fils et venge ses foyers,
Si les retours de Mars ont trahi son courage,
Le héros combat, tombe, et meurt sur des lauriers.

Mais si l'heureux guerrier survit à sa victoire,
S'il cueille en triomphant le prix de la valeur,
Jeunes hommes, vieillards tous parlent de sa gloire,
Il descend chez les morts, tranquille et sans douleur.

De ses concitoyens la douce vigilance
D'honneurs et de repos couronne ses vieux ans.
Le jeune homme attentif se lève en sa présence,
Le vieillard devant lui baisse ses cheveux blancs.

Allez, ô fils de Mars, une palme immortelle
Brille au sommet du temple où règne la valeur :
Mais que chacun demeure à son poste fidèle,
Pour des exploits nouveaux sous le drapeau vainqueur.

III.

Vous êtes les enfants d'Hercule, sur vos armes
    Le roi des Dieux veille, ô guerriers ;
Brisez les escadrons, courez, libres d'alarmes,
    A l'abri sous vos boucliers.

Aimez la mort, aimez son flambeau funéraire,
    Ainsi que les rayons du jour ;
Mars fait couler des pleurs, mais la palme guerrière
    Excite vos transports d'amour.

Compagnons, j'en appelle à votre expérience,
 Vos cœurs enivrés des combats
Du lâche et du héros savent la différence.
 Soyez vainqueurs, ne fuyez pas.

Ceux qui, sans reculer, dans l'ardeur des batailles
 Resteront sous les étendards,
Couvriront moins nombreux le champ des funérailles
 Et protégeront leurs remparts ;

Mais celui dont le cœur se trouble au bruit des armes
 Et s'épouvante de la mort,
Oh ! qui dira le deuil et les sombres alarmes
 Qui vont s'attacher à son sort ?

Honte au guerrier qui meurt couché dans la poussière
 Du trait qu'il reçut en fuyant !
Malheur à lui ! du fer l'atteinte meurtrière
 L'a fait tomber pâle et tremblant.

Le héros est debout ; son âme impatiente
 Palpite au signal belliqueux ;
Il presse de ses dents sa lèvre frémissante,
 Ses pieds frappent le sol poudreux.

Ses épaules, ses bras, sa poitrine brûlante
 Se cachent sous le bouclier ;
On voit luire en sa main l'épée étincelante,
 L'aigrette sur son front guerrier.

Le signal est donné : qu'il parte, qu'il s'élance,
    Qu'il vole à des exploits sanglants ;
Qu'il affronte les dards et de sa longue lance
    Frappe les ennemis tremblants.

Des combattants pressés que les deux pieds s'unissent ;
    Et que les vastes boucliers,
Les aigrettes de feu, les casques retentissent
    Sous le choc brûlant des guerriers.

Les glaives menaçants, les lances meurtrières
    Sont l'armure des bataillons ;
Mais pour vous, des combats légers auxiliaires,
    Lancez des rocs en tourbillons.

Et, près des escadrons, sous l'ombre hospitalière
    Des boucliers étincelants
Lancez vos dards, et sans regarder en arrière,
    Immobiles, serrez vos rangs.

IV.

Jusques à quand, guerriers, sans courage, immobiles.
Étalant votre honte à des voisins jaloux,
Resterez-vous oisifs, lorsque autour de vos villes
    De Mars éclate le courroux ?

Mars moissonne en courant vos campagnes sanglantes ;
Éveillez-vous, volez, affrontez les hasards ;
Tombez en agitant vos armes menaçantes,
  Mourant, lancez vos derniers dards.

Pour son pays, ses fils, son épouse adorée,
Il est beau de braver l'effort des ennemis !
Et qu'importe la mort ? à la Parque sacrée
  Le sort des mortels est soumis.

Sous vos fiers boucliers, dans ces moments suprêmes,
Armez-vous et courez au milieu des combats ;
Il faut toujours mourir. Les fils des Dieux eux-mêmes
  Subissent la loi du trépas.

Que de fois, quand un lâche a fui devant les armes,
La mort à son retour l'a touché de sa faux !
Sur son tombeau désert nul ne verse des larmes ;
  Le peuple entier pleure un héros.

Oui, du guerrier mourant la mémoire est chérie ;
Et s'il vit, il est grand comme les demi-dieux,
Et son bras protecteur, rempart de la patrie,
  Vaut seul des escadrons nombreux.

CHANT

DU

POETE GREC.

Voici une ode de lord Byron dans le genre de Tyrtée, mais bien supérieure ; elle est extraite et traduite du 3e chant de don Juan. Byron introduit un poëte grec, lequel, désespérant de l'avenir de la liberté, semble céder à la destinée ; il essaie de se laisser aller à une gaîté qu'il désavoue ; il veut noyer ses douleurs dans le vin de Samos ; puis le sentiment patriotique éclate, et refoule ses accents de faiblesse. Il y a là une alternative pleine d'énergie et de mouvement ; c'était avant le réveil des Hellènes.

Iles, vous de la Grèce auréole riante,
Où Sapho soupira sur sa lyre brûlante,
Où naquirent les arts avec la liberté,
Où Phœbus, à Délos, parut à la lumière,
  Le ciel divin qui vous éclaire,
Hélas ! ne dore plus qu'un sol désenchanté.

De Scio, de Théos les muses inspirées
Vainement ont quitté les collines sacrées,
La terre leur élève un temple universel,
Le lieu qui les vit naître est sourd à leur mémoire ;
Le monde est leur patrie, et l'écho de leur gloire
  Se prolonge et plane immortel.

Marathon, Marathon ! la gloire te couronne ;
J'ai vu du haut des monts la mer qui t'environne,
Et, foulant les tombeaux des Perses expirants,
J'ai rêvé que la Grèce allait briser sa chaîne ;
      Et dans ton immortelle plaine
Mon cœur, ô Marathon ! défiait les tyrans.

Un roi sur les rochers que son trône domine
Embrasse d'un regard la mer de Salamine,
Et l'orgueil impuissant de ses mille vaisseaux ;
Et, traînant sur ses pas les peuples de l'aurore,
Au lever du soleil il les comptait encore...
      Le soir il fuyait leurs tombeaux.

Où sont-ils, où sont-ils ? Et toi même, ô patrie !
Hélas ! où donc es-tu ? Sur ta rive flétrie,
De tes fameux héros je n'entends plus la voix.
Ah ! le cœur ne bat plus sous leur cendre sacrée ;
      A peine leur lyre inspirée
En sons inaperçus tressaille sous mes doigts.

Mais qu'importe à mes vœux si la gloire m'oublie ?
Jeté parmi les fers d'une race avilie,
D'une sainte pudeur je sens mon front voilé.
Le poëte, cédant au courroux qui l'oppresse,
Réserve aux Grecs la honte, une larme à la Grèce,
      Et sa lyre l'a consolé.

Rougir... quoi! rien de plus? et sur nos jours prospères
Toujours pleurer? Enfants de Sparte, où sont vos pères?
Ils sont morts, ils sont morts. O terre! ouvre ton sein;
Tu peux nous rendre encor le jour des Thermopyles;
      Que de leurs funèbres asiles
S'élancent trois guerriers les armes à la main.

Tes héros sont-ils sourds dans leurs tombeaux antiques?
Que dis-je! Entendez-vous leurs ombres héroïques
Mugir comme les vents roulent dans les forêts?
Ils vous disent : « O Grecs! qu'un seul vivant se lève!
» Nous voici, nous voici. » Dieu! quel silence! ô rêve!
      Et les seuls vivants sont muets.

Hé bien! qu'en sons légers mon luth plus doux résonne;
Que du vin de Samos ma coupe se couronne :
Le Turc verse le sang et sème les débris;
Heureux, versons le vin dans la coupe dorée.
      Écoutez! leur foule enivrée
A ce honteux appel répond par mille cris.

Vous avez conservé votre danse pyrrhique,
Montrez-moi de Pyrrhus la phalange héroïque.
Vos plus beaux souvenirs ne sont-ils que des jeux?
De ses lettres Cadmus vous transmit l'héritage :
Est-ce pour les plaisirs d'esclaves sans courage
      Qu'il créa cet art précieux?

Livrons au temps jaloux la sombre destinée,
Du doux vin de Samos ma coupe est couronnée ;
Du cygne de Théos il inspira les chants.
— Anacréon, du moins, sous un fils de la Grèce [1]
     Courbait sa lyre enchanteresse ;
Et nous, un peuple vil nous jette ses tyrans.

Avez-vous oublié dans vos temps héroïques
Quel despote régnait aux campagnes tauriques ?
Miltiade... ô grand nom ! beau d'immortalité :
Oh ! qu'un pareil tyran revive dans nos plaines ;
Qu'il paraisse ! et nos bras se tendront à ses chaînes,
     Ses fers seront la liberté.

Coule, vin de Samos, dans la coupe dorée.
— Rocs de Porga, Souli, sur la rive illustrée
D'une race guerrière existent les débris ;
Là de Léonidas la poussière est semée.
     Qu'une étincelle ranimée
S'éveille, et les héros reconnaîtront leurs fils.

Que votre liberté des rois francs se défie,
Au vulgaire intérêt leur âme est asservie :
Le glaive paternel est l'appui des guerriers ;
Du perfide Occident redoutez l'artifice,
Du fer des oppresseurs son or serait complice
     Pour briser vos fiers boucliers.

Coule, vin de Samos, dans la coupe fleurie;
Que les vierges en chœur dansent sur la prairie;
Je vois leurs yeux briller d'innocence et d'amour.
— Hélas! des pleurs amers inondent mon visage;
    Je songe aux fils de l'esclavage
Que leurs beaux seins de neige allaiteront un jour.

Sur tes débris sacrés mon aile fugitive
S'élance, ô Sunium! Où la vague captive
Viendra seule s'unir à mes gémissements,
Le cygne en sons plaintifs exhalera sa vie.
    Brisez cette coupe avilie,
J'ai fui le sol flétri qui porte les tyrans.

(1) Polycrate.

FIN.

POITIERS. — IMP. DE F.-A. SAURIN.